企业公文
写作格式与范例指南

企业领导公文写作实用工具书

陶红亮◎主编

云南出版集团
云南人民出版社

图书在版编目（CIP）数据

企业公文写作格式与范例指南/陶红亮主编. -- 昆明：云南人民出版社，2019.1
ISBN 978-7-222-17550-1

Ⅰ.①企… Ⅱ.①陶… Ⅲ.①企业－公文－写作－指南 Ⅳ.①H152.3-62

中国版本图书馆CIP数据核字(2018)第230189号

项目策划：杨　森
责任编辑：朱　颖
装帧设计：朝圣设计
责任校对：范晓芬
责任印制：代隆参

企业公文写作格式与范例指南
陶红亮　主编

出版	云南出版集团　云南人民出版社
发行	云南人民出版社
社址	昆明市环城西路609号
邮编	650034
网址	www.ynpph.com.cn
E-mail	ynrms@sina.com
开本	710mm×1000mm　1/16
印张	17
字数	260千
版次	2019年1月第1版
印刷	北京飞达印刷有限责任公司
书号	ISBN 978-7-222-17550-1
定价	49.80元

如需购买图书、反馈意见，请与我社联系
总编室：0871-64109126　发行部：0871-64108507　审校部：0871-64164626　印制部：0871-64191534

版权所有　侵权必究　印装差错　负责调换

云南人民出版社微信公众号

前 言
PREFACE

公文写作是行政机关、企事业单位等常常使用的有特定格式的写作形式，是行政管理的重要工具，也是每个公务员及企事业单位人员必备的基本技能。公文写作是一种技能，在一定程度上，也是一个人能力的体现，更关系到个人的工作和前途。

随着社会的不断发展，人们对公文的认识越来越深刻，并逐渐意识到公文的重要性。随着我国各方面的改革，各机关单位的公文工作和内部管理制度在内容及形式上都发生了变化。为了适应这种变化，撰写人员需要提升自己的写作能力，做到与时俱进。为帮助广大办公室撰写者进一步提升自己的公文写作能力，掌握写作技巧，我们编著了《企业公文写作格式与范例指南》一书。

本书根据国务院关于国家公文处理办法的最新规定编写而成，结合相关国家法律文献等资料，对办公室常用公文进行整理、编写。全书分为上下两篇，上篇主要从企业公文的写作概要上入手，下篇是从企业公文写作规范及案例入手。意在让公文撰写者从理论上掌握企业公文的全面知识后，通过阅读范例，将理论运用到实践当中。

上篇从公文的特点、作用、语言要求、行文规范等方面全面讲解公文的理论基础知识。在下篇中，撰写者将企业公文分为企业常用公文、企划管理公文、商务往来公文等种类，不同种类的公文都有典型的范例加以说明，让撰写者通过阅读范例，全面认识每个文种。

公文的种类及写作方式取决于公文的性质，每种公文都有一定的格式及特点，这需要撰写者正确掌握每种公文的格式与特点。然而，很多办公室工作人员在撰写公文的时候，常常混淆文种，所以撰写者应深入了解不同的公文文种，正确认识它们，以便顺畅地进行日后的工作。

本书是一本比较全面、科学的公文写作参考书，公文中的范例都较典型，为广大办公室撰写者提供了规范的编写依据。

目 录
CONTENTS

上篇　企业公文写作概要

第一章　公文基本知识 ……………………………………………… 2

第一节　公文的特点和作用 ………………………………………… 2
第二节　公文的结构要求 …………………………………………… 3
第三节　公文的语言要求 …………………………………………… 3
第四节　公文的类型 ………………………………………………… 5
第五节　公文的表达方式 …………………………………………… 6
第六节　公文的特点 ………………………………………………… 8
第七节　公文的行文规则 …………………………………………… 9
第八节　公文用字规范 ……………………………………………… 11
第九节　公文写作要求及方法 ……………………………………… 11

第二章　公文写作格式 ……………………………………………… 13

第一节　公文格式的构成 …………………………………………… 13
第二节　公文的版头 ………………………………………………… 13
第三节　公文的主体 ………………………………………………… 15
第四节　公文版记 …………………………………………………… 17
第五节　公文版面 …………………………………………………… 17
第六节　公文印制的要求 …………………………………………… 18
第七节　公文的核稿和把关 ………………………………………… 18

| 第八节 | 公文的签发 | 19 |
| 第九节 | 公文的封发和归档 | 20 |

第三章 常用公文写作解析 … 21

第一节	"函"的写作技法	21
第二节	"总结"的写作技法	22
第三节	"调查报告"的写作技法	24
第四节	"计划"的写作技法	26
第五节	"工作研究"的写作技法	27
第六节	公务演讲词的写作技法	27
第七节	专用书信的写作技法	29
第八节	"工作报告"的写作技法	29

下篇　企业公文写作规范及案例

第一章 企业常用公文 … 32

第一节	计划任务书	32
第二节	工作计划	33
第三节	生产计划	38
第四节	利润分配计划	40
第五节	工作规划	42
第六节	会议简报	45
第七节	会议记录	47
第八节	会议方案	50
第九节	营销总结	53
第十节	专题简报	55
第十一节	述职报告	57

第十二节 调查报告 ·· 62

  第十三节 工作汇报 ·· 66

  第十四节 招聘启事 ·· 74

  第十五节 合同 ·· 76

第二章 企划管理公文 ·· 81

  第一节 企业营销计划 ·· 81

  第二节 公司销售管理制度 ·· 86

  第三节 公司销售组织管理制度 ·· 89

  第四节 企业销售人员考核办法 ·· 91

  第五节 企业销售人员奖惩办法 ·· 93

  第六节 市场营销计划纲要 ·· 95

  第七节 市场营销调查计划 ·· 96

  第八节 市场调查实施要领 ·· 99

  第九节 商业战略规划 ··· 101

  第十节 长期计划制定规程 ··· 101

  第十一节 项目合作方案书 ··· 103

  第十二节 公司营销计划管理制度 ··· 105

  第十三节 市场营销计划书 ··· 107

  第十四节 进货渠道分析 ··· 111

  第十五节 新产品开发计划书 ··· 111

  第十六节 企业形象设计方案 ··· 112

  第十七节 企业公关企划方案 ··· 116

第三章 商务往来公文 ··· 118

  第一节 询价函 ··· 118

  第二节 报价函 ··· 119

  第三节 订购函 ··· 119

  第四节 交易磋商函 ··· 120

  第五节 代理函 ··· 122

第六节	信用查询函	123
第七节	装运通知函	124
第八节	催款书	125

第四章　商务谈判与合作公文　127

第一节	商务谈判方案	127
第二节	商务谈判备忘录	131
第三节	一般代理协议书	132
第四节	独家代理协议书	134
第五节	经销服务协议书	138
第六节	售后服务协议书	140
第七节	商业赔偿协议书	140

第五章　企业招商投标公文　142

第一节	标书	142
第二节	招标书	144
第四节	招标书的写作格式	144
第三节	招标申请书	146
第四节	招标邀请通知书	146
第五节	投标书	147
第六节	投标申请书	148

第六章　企业经济公文　150

第一节	设立股份有限公司协议书	150
第二节	股票上市公告书	152
第三节	市场调查报告	154
第五节	经济活动分析报告	159
第六节	产销分析报告	162
第七节	质量分析报告	164
第八节	事故分析报告	166

第九节　生产成本分析 ……………………………… 166

第七章　企业工商税务公文 …………………………………… 170

　　第一节　开业税务登记申请 …………………………… 170
　　第二节　办理企业法人登记的申请 …………………… 170
　　第三节　企业经营范围变更登记申请 ………………… 171
　　第四节　私营企业申请开业登记注册 ………………… 172
　　第五节　注册商标注册人地址变更申请书 …………… 173
　　第六节　注册商标变更注册人名义申请书 …………… 173
　　第七节　企业转让注册商标申请书 …………………… 175
　　第八节　注销登记申请 ………………………………… 176
　　第九节　商标注册申请书 ……………………………… 176
　　第十节　变更商标申请书 ……………………………… 178

第八章　企业安全工作公文 …………………………………… 179

　　第一节　安全工作命令（令） ………………………… 179
　　第二节　安全工作决议 ………………………………… 180
　　第三节　安全工作通报 ………………………………… 182
　　第四节　安全工作意见 ………………………………… 183
　　第五节　安全工作通知 ………………………………… 186

第九章　企业常用商务文书 …………………………………… 189

　　第一节　维权声明 ……………………………………… 189
　　第二节　解除职务声明 ………………………………… 191
　　第三节　维权公告 ……………………………………… 191
　　第四节　遗失声明 ……………………………………… 192
　　第五节　警告信 ………………………………………… 192
　　第六节　企业质量与服务承诺书 ……………………… 193
　　第七节　法人代表授权委托书 ………………………… 194
　　第八节　商业授权委托书 ……………………………… 195

第九节　经销商认证资格书 ································ 195

第十章　企业公文处理规范 ································ 197

　　　第一节　公司文件管理制度 ································ 197
　　　第二节　公司档案管理制度 ································ 204
　　　第三节　公司文印管理制度 ································ 207
　　　第四节　公司文书、档案管理指引 ·························· 208
　　　第五节　公司文件收发规定 ································ 211
　　　第六节　公司收发文处理规定 ······························ 213
　　　第七节　公司收发文管理办法 ······························ 219
　　　第八节　公司国内外传真收发管理办法 ······················ 223

第十一章　企业公文管理制度 ······························ 225

　　　第一节　公司文书管理制度 ································ 225
　　　第二节　公司文书立卷归档制度 ···························· 230
　　　第三节　公司文档销毁工作规范 ···························· 233

第十二章　企业常用内部审计公文 ·························· 236

　　　第一节　产品成本项目审计立项申请书 ······················ 236
　　　第二节　项目审计计划大纲 ································ 237
　　　第三节　项目审计实施计划 ································ 246
　　　第四节　项目审计作业计划 ································ 252
　　　第五节　审计通知书 ······································ 257
　　　第六节　审计工作记录 ···································· 257
　　　第七节　审计制度 ·· 259

上篇　企业公文写作概要

第一章 公文基本知识

第一节 公文的特点和作用

（一）公文的特点

1. 权威性。通常来说，公文是由依法成立的组织制定的，一旦成为正式公文，就不得随意更改。公文是党政机关、企事业单位等展开工作的依据，所以要谨慎发布。

2. 规范性。公文的撰写及处理，从起草到成文再到收发等，都要经过一套规范化的制度。公文是具有特定的格式的，其文体、结构等都有统一的规定。

3. 工具性。公文是各机关、组织、企事业单位等在日常工作中常用的一种工具。只有科学利用公文，才能发挥其最大价值。

（二）公文的作用

1. 指挥管理。党政机关、企事业单位等在特定范围内需要对组织等进行管理、指挥，而履行这些职责过程就需要公文来表达指令。

2. 交流信息。有了公文作为信息交流的工具，才能上下贯通，让党政机关、企事业单位更好地发展。

3. 宣传教育。决议、公报等有显著的宣传教育作用，它们针对现实生活中普遍存在的认识偏差进行指导，让大家明白什么是正确的立场、应坚持的原则，等等。

4. 商洽协调。有些工作是一个单位难以独立完成的，需要相关单位的配合。加强这些单位之间的联系就需要公文来帮助。公文可以在没有任何隶书关系的部门之间起到沟通、协调的作用，让各个机关形成一个有机整体，共同完成某项任务。

5. 凭证依据。公文有明显的凭证和依据作用，上级发布的下行文是下级机关展开工作的依据，下级上报的公文是上级决策的依据。

第二节　公文的结构要求

公文结构的基本要求，可以用"三性"来概括。

（一）完整性

公文要做到开头、主体、结尾三部分完整，同时，每部分内容要饱满、不能空洞，整篇公文要做到连贯，不能出现脱节断气现象。

（二）连贯性

一篇公文不是一个混沌的整体，它由开头、主体、结尾组成，主体部分通常又由几个层次组成，这些层次之间存在着内在的联系。所以要做到过渡自然、流畅。

（三）严密性

严密性是指文章各部分之间有严密的逻辑联系，前后内容不能互不相干，更不能自相矛盾，只有这样才能保证公文的严密性。

第三节　公文的语言要求

公文作为上传下达、交流沟通的载体，不仅要满足准确表达的要求，还应满足四个基本的要求。

（一）准确

准确就是指遣词造句贴切，不会让人产生歧义。具体要求如下：

1. 概念清楚，不会产生歧义，不模棱两可。那些容易产生歧义的句子或词都应避免使用。

2. 谨慎用词。运用时，应彻底理解其含义，切忌望文生义。想要准确使用词语，就要遵守语法规范和基本的常识，不要出现病句。

3. 把握分寸，褒贬恰当。掌握词义的感情色彩，避免出现过分贬义或过分褒义的词语。公文写作，尽量以中性词为主，可以适当褒奖，尽量避免使用贬义词。

（二）规范

规范是指公文的语言不仅要遵守基本的语法规范，还要遵守公文语言的标准，这个标准是由中共中央、国务院统一制定的，要求如下：

1. 使用规范的现代汉语的书面语，避免使用地方话。

2. 使用规范的文字，不要写错别字、不规范的简化字。

3. 使用规范的词语，尤其是专业术语，尽量不要出现中文夹杂着英文的情况，也不要使用网络语言。

4. 正确使用标点符号，这是公文必须遵守的语言规范，我国对标点符号的使用有明确的规定，撰写公文的时候，撰写者一定要规范使用，尤其是和日常生活习惯有出入的规范，应格外注意。

（三）简明

简明是公文语言的另一个要求，包括简洁和明了两点。两者缺一不可，具体如下要求：

1. 直陈其事。撰写公文不像文学作品，需要开头做好铺陈，引人入胜，撰写者在写公文时，要直截了当地写公文的主要内容。

2. 使用规范的简称。不常使用的简称，在第一次出现的时候，撰写者要写清楚它的全称，之后可以用简称，但要标注清楚。另外，使用简称要尽量使用约定俗成的，如中纪委等。

3. 多陈述句、祈使句，少用疑问句、感叹句。撰写报告，说明问题的时候，撰写者要使用陈述句，将问题表达清楚即可；布置任务，传达精神的时候，尽量使用祈使句，以动词开头，具体说明怎么做；尽量少用带有个人情感的语句。

（四）得体

得体是指公文的语言要合时宜，包括两个方面：一是庄重，二是通俗。上行文和平行文要庄重、严肃、认真，要体现出对对方的尊重，要求如下：

1. 用专用词。为体现庄重，在撰写公文的时候，尽量使用公文的专用语，如"特派""妥否""请予批复"等。

2. 用书面语，慎用口语。书面语比口语更加正式，这符合庄重的要求，如口语中的"没有"，在公文中要用"未"，而"到了"要用"至"。下行文要通俗易懂，让下级机关能轻而易举地领会发文者的意思。具体要求如下：

1. 少用专业术语，尽量使用人人知晓的词语。专业术语是专业领域的人才懂的词语，一般人很难理解。如社保金中的"老人""新人""中人"这类型的词语，不一定人人都知道。所以，写公文的时候，尽量要少用这些词语，如果必须用，则一定要解释清楚。

2. 少用难懂的词语。尤其是对于"公告"等针对大众的文种，其语言一定要做到朴实，不常见的词语应少用。

3. 可以使用一些口语化的词句。下行文可以使用一些口语化的词句，可以增强公文的亲切感，拉近撰写者和读者之间的距离。

第四节　公文的类型

公文可分为狭义公文和广义公文。

狭义公文，即法定公文，其范围是《党政机关公文处理工作条例》（2012年4月16日由中共中央办公厅和国务院办公厅联合印发，2012年7月1日起施行，以下简称《条例》）中所规定的命令（令）、纪要、通知、通告、决议、通报、报告、决定、请示、公报、意见、批复、公告、函、通告，这15种正式文种。

广义的公文包括专用公文、事务文书、法定公文。专用公文是指某个业务部门、某一行业根据专门工作的特殊需要而使用的，具有该业务部门或该行业特定内容和规定格式的公文。如外交公文、军用公文、司法公文（起诉书、判决书、调解书等）、经济公文等。事务公文包括：计划、总结、调查报告、领导讲话稿、典型材料等。法定公文的即《工作条例》中所规定的15种正式文种。

第五节　公文的表达方式

（一）表达方式的含义

表达方式，即作者将内容通过各种方法及手段表达出来。

（二）公文常用的表达方式

公文常用的表达方式基本有三种，分别是叙述、议论和说明。

撰写者根据公文的性质和行文目的等要求，选择最合适的表达方式。如工作汇报应侧重使用叙述的表达方式，而发布行政法规、制定合同等，则应侧重使用说明的表达方式，让人明白应遵守的规范和履行的职责等。

1. 叙述

（1）概念：叙述是对人物的行为等发展变化做出叙述和交代的一种表达方式。值得注意的是，叙述的表达对象是一个动态过程，对于静止不动的事物，撰写者可以描写、说明，但是不能叙述。

（2）公文叙述的方法

概述：粗略地记叙事件的发展变化过程，通常篇幅不长，只需简明概括。概述要抓重点，文辞应精炼。

细述：也称详细叙述，是指用比较详细的语言来叙述事情发展的细节，对其发展动态作全面详细叙述的方法。

夹叙夹议：在叙事的同时插入议论，而议论能够帮助人们对事物的认识更深刻、透彻。

（3）叙述的要求

首先，叙述的要素应完备，即应该有人物、时间、地点、事情；其次，线索应清晰。叙述的时候，撰写者的思路应有一个依附，叙述不能凌乱，可以依附时间、空间、或贯串事件的某一物体等。通常来说，以时间为线索的叙述是最常用的方法；最后，记叙顺序要以顺叙为主。

2. 议论

（1）概念：议论是指对某一事件发表观点，并用充足的材料证明自己的观点。在行政公文中，议论主要用来阐述道理，有时也用来批驳某种观点。

（2）议论的三要素：论点、论据、论证。论点即要证明什么，论据回答用什么证明，论证则告诉人们怎样证明。

（3）常用的论证方法

事实论证：即利用典型事例来证明论点。用来证明论点的事实，既可以是具体的单个事例，也可以是综合概括的事实。

理论论证：摆事实，用事实来证明道理。理论论证的主要方法是引证，引证是用已有的理论来证明论点。

（4）对议论的要求

在公文写作中，最主要的表达方式是叙述和说明，议论常是在叙述和说明的基础上进行的。

值得注意的是，公文中要避免滥用描写性的语言，以至损害公文语言的庄重性。撰写者还应避免滥用抒情性的语言，尤其是撰写报告等陈述性较强的公文时更应注意。

3. 说明

（1）概念：说明，即用简明扼要的文字，将客观事物等解说清楚的一种表达方式。

（2）行政文书常用的说明方法

介绍性说明：适用范围比较广的说明方法之一，说明文常用来介绍各方面的知识，行政文书主要用来介绍相关的情况、做法等。

比较说明：比较是人们认识事物常用的一种思维方法，比较又分横向比较和纵向比较两种，行政公文中常用纵向比较的方法。

（3）行政文书对说明的要求

首先，态度应客观，不要加入主观色彩；其次，说明要有序。表达无序，不仅说明撰写者对客观事物认识不足，还体现了撰写者思维逻辑混乱不清。

第六节　公文的特点

公文的全称是公务文书，是机关团体、企事业单位等用来办理公务、具备一定格式的应用文。

从公文的概念中可以提炼出公文的几个特点，如下。

（一）公文内容和程序的合法性

公文是反映和传达社会组织的公务信息，因此具体的内容和制定程序必须要符合有关法律和规章的规定，否则是无效。任何人在非公务状态下，不能使用公文的形式来传达个人的意愿。

（二）公文格式的规范性

公文格式的规范性是指公文的约定俗成或者明文规定的规格标准。惯用格式是约定而成的，没有严格限制，如普通公文中的计划。明文规定的格式即法定格式，是由权威机关规定，撰写者必须根据格式写作，如法定公文中的行政公文。

（三）作者和读者的指定性

公文的作者只能是法定的社会组织及其法人代表。而动笔起草公文的人，如秘书等，并不是法律意义上的作者。公文的读者一般是特定的人群，即"主送机关"等。需要注意的是，有的告知性公文如通告，其读者应包括发出公文的社会组织之外的社会群众。

（四）法定权利的制约性

公文只能由法定的作者发出，写公文和办理公文都是有一定的规定性的。对作者和读者来讲，公文具有法规给予社会组织职权所产生的制约性，如行政公文的命令，这对公文的接受者有强大的强制性。普通公文的讲话稿，对听众具有指导性和指挥性意义。法规性公文其制约性就更强了，正因为公文有制约性，它才能实现日常的管理作用。

第七节　公文的行文规则

行文规则是指机关和企事业单位制发公文、处理行文关系需要遵守一定的准则，它是根据发文机关的职责权限及行文单位间的隶属关系，本着有利于实施领导和管理的原则而确定的。

（一）行文应当注重实效，坚持少而精

在长期实践过程中，行文中普遍出现的问题主要是：行文过多、公文过长。上级机关做什么事都需要依靠发文来实现，而发文者忙于制发文件，而收文者忙于应付，很多时候对行文的要求的执行反而降低了。因此行文要坚持实事求是的原则，注重实效，切实解决问题，坚持少而精，坚持不发没必要发的公文，用更多的时间和精力进行调查，解决实际问题。

（二）根据不同的行文对象和工作需要，采取不同的行文方式

行文关系包括三种：一是上下级之间领导和被领导的关系；二是上下级之间业务指导与被指导的关系；三是同级机关或不相隶属机关之间的平行关系。不同的行文对象，要将会采取不同的行文方式。

1. 上行文

上行文，即下级机关向上级机关的行文，分为逐级上行文、多级同时上行文和越级上行文三种方式。逐级上行文，就是下级机关向上级机关请示问题、报告工作，这有利于集中统一领导。有的单位向上级机关行文的时候，

将两个以上的上级机关并列，这是不符合规定的。向上级机关行文，应当主送一个上级机关，如果其他相关上级机关阅知，可抄送。一般适合遇到突发事件或遭受自然灾害等情况。

2. 下行文

下行文，即上级机关向所属下级机关的行文。一般采用逐级下行文和多级下行文的方法。逐级下行文是指上级机关对直接下级机关行文，如党中央对某省委请示的批复。多级下行文是指上级机关直接行文到下属几级机关。多级下行文是指上级机关直接行文到下属几级机关。

3. 平行文

它是同级机关或不相隶属机关之间的行文，一般用函或通知。目前存在的问题是，在向有关主管部门请示帮助或解决问题的时候，明明知道要用函的形式，但在实际使用的时候却用了请示或报告的形式，还自以为不用请示或报告就是对对方的不尊重。

4. 联合行文

指两个以上平行机关之间就同一事项联合发文。机关与其他同级机关之间必要时可以联合行文。联合行文必须要从实际情况和工作需要出发，避免过多过滥。

5. 受双重领导的机关的行文

受双重领导的机关向一个上级机关行文，必要时抄送另一个上级机关。受双重领导的机关向上级机关行文，应当写明主送机关和抄送机关，由主送机关负责答复其请示事项。上级机关向受双重领导的下级机关行文，应当抄送其另一上级机关。

（三）对不符合行文规则的上报公文，可退回下级呈报机关

为促进公文处理的科学化、规范化，提高工作效率，对违反行文规则的上报公文，可以退回原呈报方。经审核不宜发文的公文文稿，应当退回起草单位并说明理由；符合发文条件但内容需作进一步研究和修改的，由起草单位修改后重新报送。

第八节　公文用字规范

公文是作为沟通的重要工具，这就决定了公文写作时，要注意各种词语的选择及使用。要在公文写作时，做到正确使用字词，就要把握以下几点。

（一）区别不同字词的含义，正确把握意思

撰写公文时，对词语首先要有准确的认识，包括对同义词的了解等，都要做到准确无误。特别要注意的是，公文表达对象的不同，就要根据同义词之间的细微差别，进行准确选择及使用词语，使之符合公文的所表达对象。

（二）注意区别不同词义在不同语境中的变化

要区分不同词义在不同语境中的变化，就需要掌握好一词多义的运用，这对于提高公文的质量来说是很重要的。

（三）注意词语的通俗化

在企业公文写作的时候，应多用一些通俗的词语，避免使用专业性很强或只有专业人员才能读懂，而一般人很难读懂的专用词语，更不要生造词语。

（四）要掌握公文写作的特定词语

掌握好公文写作中形成的特定词，对于提高公文写作有很大的帮助。如"根据""为了""随着……""我（处）""贵（校）""拟请""特""可否请批示""特此"等，它们都是公文中的常用词语，根据公文的不同表达对象及行文的不同关系选择使用。

第九节　公文写作要求及方法

（一）公文写作的基本要求

不同种类的公务，有不同的要求及写作方法，但是，无论哪种公文都应满足以下几点要求：

1. 要符合党和国家的方针政策、法律法规等相关内容。

2. 符合客观实际、符合工作规律。

3. 在撰写及修改时，应做到及时，避免积压。

4. 字词及标点符号的使用应准确、严密。公文内容有主次之分，这就需要撰写者做到条理清楚，文字简明，遣词造句准确，论理符合逻辑，正确使用标点符号，正确使用顺序号。

5. 符合保密制度要求。

（二）公文的写作方法

1. 公文拟写要先明确发文主旨，主要包括：文件中心内容、准备选用什么文种，明确发文对象及范围，发文的具体要求，等等，总之，发文要做到心中有数，才能提笔起草。

2. 搜集有关资料，进行调查研究。明确了发文目的和主题后，撰写者要围绕这个主题搜集资料，必要的时候可以进行调查。

3. 拟出提纲，安排结构。撰写者应根据搜集的资料，草拟出一个写作提纲，并将主要框架勾勒出来，做到胸有成竹，避免半途返工。

4. 落笔起草，拟写正文。安排好结构后，撰写者要根据要求列序，紧扣主题拟写正文，此时应注意，观点要鲜明，用词要得当；用简明的话讲清楚即可。

5. 反复检查，认真修改。完成初稿后，撰写者要对其进行修改。撰写者要看主题是否明确，要考虑观点是否正确，要看观点是否和材料一致。另外，还要修改不通顺的语句、使用不规范的字词及标点符号。

第二章　公文写作格式

第一节　公文格式的构成

公文格式，即公文规格样式，是指公文中各个组成部分的构成方式，它和文种是公文外在形式的两个重要方面，直接关系到公文效用的发挥。

通用且完整的公文是由三部分组成，即版头、主体、版记。

版头：份号、密级和保密期限、紧急程度、发文单位标志、发文字号、签发人。

主体：标标题、主送单位、正文、附件说明、成文日期、印章、附注、附件。

版记：抄送单位、印发单位和印发日期、页码。

版面也是公文格式的一个重要组成，公文格式对版心尺寸、字体字号、行数、字体颜色都有要求。

第二节　公文的版头

公文版头有六个要素，分别是：份号、密级和保密期限、紧急程度、发文单位标志、发文字号、签发人。

（一）份号

涉密公文需标注份号，即公文印制份数的顺序号。份号一般为六位数，使用阿拉伯数字，于版心左上角第一行排布。

（二）密级和保密期限

涉密公文应当根据涉密的程度，标注"绝密""机密"或"秘密"，以及保密期限。保密期限一般使用3号黑体字，于版心左上角第二行顶格排布。保密期限中的数字要使用阿拉伯数字。

（三）紧急程度

紧急程度指的是公文送达和办理的时限要求。紧急公文应按照紧急程度，用3号黑体字标注"特急"或"加急"，于版心左上角顶格排布。

（四）发文单位标志

1. 发文单位标志的组成

发文单位标志由"发文单位全称或规范简称"+"文件"组成，也可不加"文件"二字。联合行文时要并用联合发文单位名称，主办单位在前。

2. 发文单位标志的格式

单独行文时，发文单位标志使用小标宋体字，红色，居中排布，上缘和版心边缘相距35mm。联合行文字数较多时，可适当缩小发文单位的字号和行距。用联合发文单位名称时，如果有"文件"二字，应置于发文单位名称右侧，以联署发文单位名称为准上下居中排布。

（五）发文字号

发文字号的组成：发文机关代字+年份+发文顺序号。联合行文时，应使用主办机关的发文字号。

发文字号的排布：应于发文机关标志下空二行居中排布，上行文的发文字号要居左空一字排布，与最后一个签发人姓名同行。年份要写在标点符号"〔〕"内，使用全称，用阿拉伯数标注。发文顺序号不加"第"字，不编虚位数（即"1"不编为"01"或"001"），在数字后加"号"字。

（六）签发人

"签发人"三字使用3号仿宋体字，后加全角冒号，冒号后加签发人姓名，使用3号楷体字。签发人于发文单位标志下空二行处居左空一字排布。

签发人为两个及以上时，其姓名应按照发文单位的排列顺序从左往右、从上到下依次均匀排布。一般每行两个姓名，各行第一个签发人姓名的第一个字要对齐。

第三节 公文的主体

公文的主体部分由标题、主送单位、正文、附件说明、成文日期、印章、附注、附件组成。

（一）标题

公文标题是公文的内容概要，要求使用简洁、规范的书面文字，准确、简要地概括公文的核心内容，并明确公文文种，让人一目了然。

标题的三种基本组成："发文单位+事由+文种""事由+文种"、以文种为标题，通常用于内容简单且非重大事项的内部文件。

公文标题一般使用2号小标宋体字，于分隔线下空二行居中排布，可一行，也可多行。两行及以上行数的标题在回行时要注意词意完整，呈梯形或菱形对称排布。

（二）主送单位

主送单位指负有办文权责的单位，公文中应使用单位全称、规范简称或同类型单位统称。一般来说，非普发性的下行文、上行文和平行文的主送单位只有一个；普发性的下行文可以有多个主送单位。

主送单位的格式：主送单位一般于标题下空一行处居左顶格排布，如有回行，下一行仍需顶格；最后一个单位名称后面要标注全角冒号；主送单位和正文之间不空行。

（三）正文

正文是公文的主体，用来表述公文的具体内容。正文也有基本的规范：正文一般使用3号仿宋体字；正文于主送单位名称下一行左空两个字排布，回行顶格；结构层次序数依次用："一"，黑体字；"（一）"，楷体字；

"1",仿宋体字;"(1)",仿宋体字;公文首页必须显示正文。

(四)附件说明

公文附件的顺序号和名称被称为附件说明。"附件"二字于正文下空一行左空二字排布,后面加全角冒号,冒号后加附件名称。如有回行,应与上一行附件名称的第一个字对齐。附件名称后不加标点符号。附件为两个及以上时,使用阿拉伯数字在冒号后标注附件顺序号,如"附件:1.……"。

(五)成文日期

成文日期是指会议通过的日期或发文单位负责人签发的日期。联合行文的成文日期为最后一个发文单位负责人签发的日期。成文日期于发文单位署名下一行排布,一般使用4号仿宋体字,日期中的数字用阿拉伯数字,年份应标注全称,日、月不编虚位数。

(六)印章

公文中有发文机关署名的,应当加盖发文机关印章,并与署名机关相符。印章使用红色,不能使用空白印章,并且印章要端正、居中下压发文单位署名和成文日期,使发文单位署名和成文日期位于印章中心偏下处;印章上缘距正文或附件说明一行以内。

联合行文时,各发文单位署名要按照发文单位的顺序排列在相应的位置,印章要排列有序,不能相交或相切;印章不能超出版心,数量过多时可多行排布,一般每排最多三个。

(七)附注

公文附注指的是公文印发传达范围等需要说明的事项。公文中含附注的,附注应于成文日期下一行处居左空二字加圆括号排布。

(八)附件

公文附件指的是公文正文的说明、补充或者参考资料。附件应在版记之前另面排布,与正文一起装订,如不能与正文一起装订的,应于附件左上角第一行顶格排布公文的发文字号,其后标注"附件"二字和附件顺序号。附件顺序号和附件标题要与附件说明一致。

第四节　公文版记

（一）抄送单位

抄送单位指除主送单位外需要执行或者知晓公文内容的其他单位或部门。抄送单位一般使用4号仿宋体字，企业可照此标准执行。"抄送"后加全角冒号和抄送单位名称，最后一个抄送单位名称后加句号，如有回行，回行时需与冒号后面的第一个字对齐。有多个抄送单位时，如果抄送单位的级别不同，应上级单位在前，平级单位在中，下级单位在后；如果抄送单位同级不同类，应遵循"党政军群"的原则进行排列。

（二）印发单位和印发日期

印发单位指的是把公文文稿印成正式公文的单位。印发日期指的是送印公文文稿的日期。印发单位和印发日期一般用4号仿宋体字，印发日期使用阿拉伯数字标注全称，日和月不编虚位数，后面加"印发"二字。

（三）公文页码

公文页码于公文版心下边缘下排布，单页码居右空一字，双页码居左空一字，一般使用4号半角宋体阿拉伯数字。数字左右各加一条一字线，一字线上距版心下边缘7mm。公文附件和正文一起装订时，页码应连续排布。

第五节　公文版面

公文格式对版面也有要求，版心尺寸、字体字号、行数、字体颜色等都不能随意进行设置，而是应该按要求排版，这样能体现公文的严肃性。

1. 页边尺寸与版心尺寸：公文用纸天头（即上白边）为37mm+1mm，公文用纸订口（即左白边）为28mm+1mm。
2. 版心尺寸为156×225mm。
3. 字体：没有特殊说明的话，公文各要素用3号仿宋字。
4. 行数和字数：一般每面排22行，每行28个字，并撑满版心。特定情况可作适当调整。撑满版心说的是公文第一行字顶格于版心左上角排布，最后一行字沉底到版心下边缘。

5. 文字颜色：如果没有无特殊说明，公文中的文字的颜色均为黑色。

第六节 公文印制的要求

公文图文区用字应从左到右来书写，并且应规范使用汉字，正文开头和每段首行都应空两个字符，回行的时候要顶格。

单面印刷的公文，页码位于每页图文区右下端。双面印刷的公文，正面为单数，页码位于每页图文区右下角，背面为双数，页码位于左下角。没有图文区的页面不标页码。公文一律左侧装订，不要在天头装订，不要压住文字，不要只订一颗订书钉。

公文印制用纸一般使用纸张定量为$60g/m^2-80g/m^2$的胶版印刷纸或复印纸。纸张成品尺寸一般为210mm×297mm。

第七节 公文的核稿和把关

公文核稿工作，是指文件起草后对文件的全方位的审核。政公文的质量直接体现着企业管理水平的高低，核稿是关系公文质量的关键环节之一。

（一）严把行文关

审核文件是否需行文，这是审核的基础。可发可不发的文件坚决不发，能通过汇报等口头形式达成协议、解决问题的，一律不用行文。会议上安排部署通过的事项，不另外行文。正式公文和函件要明确区分。

（二）严把政策关

把好法律政策关，是公文核校的重点。主要是指对文稿的内容进行校核，看是否符合党和国家的路线、方针等，是否跟现行规定相符；是否能完整、准确地表达公文意图等。

（三）严把文字关

文字是直接体现公文质量的标尺。对于公文文字，撰写者应删繁就简，检查文字是否通顺，是否存在病句、标点符号是否准确。用词要力求简洁，通俗易懂。以简单表述、准确反映公文意图为原则。

（四）严把格式关

公文格式标准化是公文水平和质量的体现。核稿的重点要放容易混淆的文种的使用上，如通知和通报、请示和报告等。还要看文体格式是否规范，如标题、主送单位、抄送单位等，确保每一份公文格式准确、规范。

（五）严把时效关

因为企业工作具有不确定性，所以紧急处理的文件时常会出现。对于急件，办公室应以急事急办、急文急发为原则。

第八节　公文的签发

公文的签发指相关领导对审核后的文稿进行最后的审定及签署印发。在进行公文签发工作时必须遵守一些基本签发原则。

签发时根据职权进行签发。重要或涉及范围较广的，由正职领导或副职领导签发；对专属于某一业务领域的，由主管领导签发。对事关全局性、长期性的公文，经由领导班子集体讨论通过后，由主要领导人签发。以业务主管部门的名义发文的，原则上是由部门负责人来签发，但如果内容比较重要的话，则应送主管领导审阅后加签。签发人应对自己所签的文件负责，所以在签发的时候，应先过目再签，而且应该注意：

签发之前要认真审阅，不能提笔就签；签发人应充分履行职责，签发人应各尽其职，不能随意授权。完整签发，包括签发意见、签发人姓名、签发时间；要使用钢笔、签字笔等签，字迹应清晰，署名需是真实全名。在圈阅的时候，要注明圈阅时间，同时要表明同意。

第九节　公文的封发和归档

（一）公文的封发

封发属于发文处理的一个环节，常在公文用印并装订后才执行这个环节。封发后的公文可以寄出或归档。简而言之，封发就是文件的封装，将公文装入封套后，在封口盖戳，在封套上写好受文机构等。经过封发的文件不能再修改。同时，封装文件的时候，撰写者要核对文件的相关信息，核对无误后才能严密封缄。

（二）公文的归档

1. 概念：公文归档是指将处理完的公文根据一定的原则进行整理，并交给档案管理部门集中保存。归档的意义在于妥善保存公文。归档工作是一项制度，各个单位都应执行到位。归档制度包括归档范围、归档时间等。

2. 公文归档范围。包括能反映本机关主要职能活动和一些历史面貌的重要文件材料；机关单位在活动中形成的维护国家、集体等方面有凭证价值的文件材料；本机关需要贯彻执行上级机关、同级机关的文件，下级机关送达的重要文件资料等。

3. 公文归档时间。归档时间指文书处理部门和业务部门将需要归档的公文向档案部门移交的时间。

4. 公文的归档要求。首先，应归档的公文材料、份数等都应齐全，要系统有序。其次，归档案卷封面的各个项目，都应填清楚；最后，归档案卷要根据一定的次序系统排列，编制顺序号及案卷目录。

第三章 常用公文写作解析

第一节 "函"的写作技法

（一）对文种的理解

函适是用于不相隶属机关之间洽谈工作、询问和答复问题，请求批准和答复审批事项的一种公文。

（二）函的作用

函的适应范围广泛，不仅可以在平级机关间行文，还可以在不相隶属机关之间使用函进行洽谈。此外，函还可以对某一原文件作适当补充，说明或更正。它起到了沟通、交流的作用。

（三）函的特点

1. 广泛性。表现在其适用范围的广泛及使用对象的广泛两个方面。

2. 沟通性。对于不相隶属机关之间，函充分沟通相互之间的联系，彰显平行文种的功能。

3. 单一性。即主旨单一，开门见山，不过多阐述缘由。

4. 时效性。函有时也会有时效性，尤其是复函，应该快速回文，进而保证公务活动的正常运行。

（四）函的种类

根据性质分为公函和便函。公函是正式公文，而便函不属于公文，不受公文格式的约束。

根据发文目的可以分为发函和复函。

根据内容和功能可分为六种,分别是商洽函、询问函、请求批准函、答复函、知照函、委托函。

(五)文体构成及主要内容

1. 标题。包括发文单位、事由、文种。

2. 主送机关。即公文的受理机关。

3. 正文。包括开头、主体、结尾三部分。

开头:写明发函缘由,交代发函的目的等,随后用过渡语转入下文。

主体:是函的核心部分,内容比较单一,主要是写致函事项,语言要简洁,能够让对方明白来函的意图等。如果需复函,答复事项需有针对性。

结尾:一般会用礼貌性用语向对方提出请求等。

4. 结束语。根据函等事项选择不同的结束语,如"特此函询""特此函复"等。有多函也没有结束语,例如便函,可以用"此致"结束。

5. 落款。由发文机关和成文日期组成,并加盖公章。

第二节 "总结"的写作技法

(一)总结概论

总结是指对已经做过的工作进行理性回顾。总结和计划是相辅相成的,总结以计划为依据,而订计划总是在总结的经验基础上进行。有这样一种的规律:计划—实践—总结—再计划—再实践—再总结。

(二)总结的特点

1. 反思过去。工作总结是人们对先前工作的反思,通过思考,进而提高认知,获得经验,为做好下一步工作做好准备。

2. 强调科学性。总结经验不能就事论事,要以辩证的眼光从全方位看,做出科学定论,这样才能促进工作更好进行。

3. 表达上叙议结合。工作总结不仅要叙述、说明,还要通过议论的方式，阐述在此过程中收获的经验、教训，避免空洞无物或材料堆砌。

（三）工作总结的种类

根据时间来分：年度总结、半年总结、季度总结。根据总结范围来分：单位总结、个人总结等。

根据总结性质来分：工作、生产总结等。

（四）总结的写法

正文一般包括以下三个方面：

1. 情况回顾。这是总结开头部分，也叫前言或小引，用来交代总结的缘由。这部分文字比较短，只能概况说明，不能展开议论。

2. 经验体会。这部分是总结的主体，通过第一部分的叙述后，撰写者可以利用小标题说明成绩，提出问题，等等，虽然每个部分是独立的，但是相互之间又存在内在联系，可以共同说明基本经验。

3. 今后打算。总结的结尾部分。在前半部分总结出教训经验之后，对今后的工作提出展望。内容从如何克服存在问题如何发扬成绩及今后努力方向等方面说起。

（五）工作总结的表述要求

1. 抓重点

总结中会涉及工作中的很多方面，但在总结中不可能做到面面俱到，这就需要抓重点。那重点是什么呢？就是在工作中获得的主要经验和发现的问题等。

2. 写出特色

写总结，要在充分占有材料基础上，认真分析，比较，进而找出重点，新颖，不要停留在一般化上，一定要写出自己独特的总结报告。

3. 语言要准确、简明

用词要准确，用例要确凿，不可用含糊的语言来叙述。阐述观点的时候，要做到概况和具体相结合，做到语言朴实、明了。

第三节 "调查报告"的写作技法

（一）调查报告的概念

调查报告是对某项工作或事件调查后，从而搜集资料，加以分析，最终以书面形式向领导汇报的一种文书。

（二）调查报告的类型

1. 介绍典型经验的调查报告

某一地区，某一单位，为落实党和国家的各项方针，在日常的某些领域中取得了突出成绩，并将他们的成功方法以书面的形式反映出来，进而写成调查报告。

2. 揭露问题的调查报告

这种类型的报告是针对某个问题展开的，揭示这一问题的种种现象和深层原因。以分析问题的症结所在，并提供解决问题的思路及方法为主要目的。

3. 反映新生事物的调查报告

这主要是针对社会中某种新产生或有新发展的事物所写的报告，对新生事物进行调查，进而对其进行全面分析，指出其发展规律及前景。

4. 反映社会情况的调查报告

这是针对一些生活情况所写的报告，包括社会风气等多方面的社会基本情况，此类报告不直接反映经济等重大问题，但都是群众最关心的一些问题。

（三）调查报告的基本结构

调查报告由标题、前言、主体、结语四部分组成。

1. 标题。包括单标题和双标题。单标题通常是按照"调查对象+调查课题+问题名称"的模式来拟标题的，如《一个富裕居委会的财物调查》；双标题则由正副标题组成，正标题的写法跟常规文章写法一致，而副标题常采用公式化写法，如《明晰产权起风波—对太原市一集体企业被强行接管的调查》。

2. 前言。调查报告的前言通常是根据主题部分的材料结构来安排，一般包括以下几种类型：

（1）提要式，将调查对象最主要的情况在开头进行概括。

（2）交代式，在开头简单介绍调查目的、方法、时间等，让读者对调查有个总体认识。

（3）问题式，在开头提出问题后，引起读者对调查课题的注意，并引发思考。

3. 主体。前言之后，结语之前的部分都属于主体。此部分内容比较丰富，其最重要的是结构安排，主要有以下几种情况。

（1）用观点串联材料。从不同方面来说明基本观点，以基本观点为线索将其串联在一起。

（2）以材料性质归类分层。对于课题比较单一的调查报告，可以用这种结构方式来写，在归纳之后，将不同性质的材料分成几类，并在每层之前加上小标题。

（3）以调查过程的不同阶段自然形成层次。对于时间比较单一，但过程性较强的报告，可以用这种结构方式。

4. 结尾。调查报告结尾部分常会亮出作者的观点，并对主体部分进行概括、升华，结尾部分对于调查报告来说，也是一个比较重要的部分。常见的写法有以下几种：

（1）概括全文，明确主旨。在结束的时候，将全文归结到一个观点上，进而给读者提供清楚的认识。

（2）指出问题，启发思考。如果主体中有一些作者也不能解决的问题，不如将问题指出来，引发人们对这个问题的思考。

（3）针对问题，提出建议。在提出相关问题后，撰写者可以在结尾部分对所提出的问题提出可行建议。

第四节 "计划"的写作技法

（一）计划的概念

计划包括两层含义，其一是计划工作，指根据对外部环境和内在条件的分析而制定的工作计划，其二是计划形式，指用文字等形式表述的组织及组织内的不同部门及成员，在未来一定时期内关于行动方向、内容和方式的安排。

（二）计划的种类

计划的种类有很多，可根据不同的标准进行分类。

根据计划的重要性划分，可以分为战略计划和作业计划。

根据计划时期界限分，可分为长期计划、中期计划和短期计划。根据计划内容的明确程度来分，可分为具体性计划和指导性计划。根据抽象到具体的分层来分，有目的或使命、目标、战略等。

（三）计划的特点

针对性。计划是根据党和国家的方针、政策等制定的，目的明确，有很强的指导意义。

预见性。计划是行动之前制定的，以顺利完成下一步任务为目的。

普遍性，实际的工作计划涉及每个管理人员及员工身上，任何组织或个人在总目标确定后，都应为配合实现总目标，给自己制定相应的计划。

目的性，任何组织或个人制定各种目标都是为了促进总目标的实现。

明确性。计划应标明组织的目标，及要实现目标所采取的措施等，让管理人员明白自己在计划中的职责。

（四）计划的写作技巧

1. 计划是组织生存和发展的纲领

我们正处于一个经济、政治等快速发展的时代，变革既带来机遇，也带来了风险，想要在如此竞争激烈的时代得以立足，就需要计划周全，如果没计划或计划不周，就会被淘汰。

2. 计划是组织协调的前提

现代社会各行业之间分工精细，要让各部门能够紧密配合，就要各管理部门制定有效可靠的计划。

3. 计划是指挥实施的准则

计划是管理人们一切活动的准则，但是，由于其同时指导着不同时空的人们，所以计划必须有总目标，才能让人们井然有序地去实现各自的分目标。

第五节 "工作研究"的写作技法

（一）工作研究的概念

工作研究是用系统分析方法将工作中不合理、不经济等因素排除掉，进而寻求更好、更经济的工作方法，进而提高生产效率。

（二）工作研究的特点

针对性。指工作研究所讨论的问题都来源于实际工作当中的具体情况。客观性。工作研究是从实际工作出发或由社会本身反应本质，它代表着某个集体的意志和利益。

（三）工作研究的分类

工作研究可分为分析原因的工作研究、判断性质的工作研究、评估影响的工作研究、论证对策的工作研究。

（四）工作研究的结构

包括标题、导语、主体和结尾。

第六节 公务演讲词的写作技法

（一）公务演讲词的文种特征

公务演讲词是在会议或集会期间讲话、演说的文字底稿。它不像一般的文种只要送达或张贴就可以结束，公务演讲词随着演讲结束而结束。

（二）公文的结构与写法

公文演讲词的结构包括标题、开头、主体和结尾等几部分，各自的写作技法分别如下：

1. 标题。有很多的写法，第一种是点明中心的标题，如温家宝同志就土地管理工作的电话会议讲话，标题为《深化土地管理制度改革，依法切实加强土地管理》，这个标题明确地点明了讲话的中心内容。第二种是点明讲话人的姓名、会议名称及讲演内容。第三种是揭示主旨的标题，如伟人毛泽东有很多的演讲词，其标题大都会用比喻等修辞，既生动又别致，暗含着主旨。

2. 开头。演讲不同于一般的公文，它的开头没有固定模式，所以公文的开头千差万别，很灵活，而这也增加了写好开头的难度。演讲词的开篇，要写明对听讲对象的称呼，如"同志们"等，语言要简洁明了。

3. 主体。它是演讲词主题的具体展开，是演讲词的核心部分。演讲词主体部分的结构及写法，有以下三种：

一是每部分都表达一个独立完整的意思。对于部分的划分，可以用序号"一、二、三"来标明，也有人用称呼语如"各位代表""同志们"来巧妙划分。

二是将要讲的内容分为几个问题，每个问题都表达一个完事的内容。

三是将要讲的内容分为若干个自然段，自然段不标序号，但每个自然段都有一个提领语。

4. 结尾。结尾很重要，特别是在讲话即将结束的前几分钟，准备散会的时候，人心浮动，此刻一定要用一个生动有力的结束语将人们推向一个更高的振奋人心的气氛当中。那么，如何写好结尾？首先要做到由分到总、加深理解，其次是首尾呼应，最后是满怀激情，发出号召。

第七节　专用书信的写作技法

（一）专用书信的概念

专用书信是指在某种特定场合、针对某些特定事务而写的书信，专用书信有很多不同的种类，如介绍信、表扬信、公开信等。不同种类的书信用途不同，它们在写法上也有一定的区别。

（二）专用书信的书写格式

1. 一般书信和专用书信的区别

一般书信：个人与个人之间的书信称为一般书信，它是交流个人感情、思想等的书信。

专用书信：多用于个人和单位、单位和单位之间的事务往来。

2. 专用书信的要求

文字要简洁，内容要完整；格式应规范、表达要清楚。

3. 检查书信是否"完整"的方法

对一封写好的专用书信要进行自问，如果发现自己对每个问题都有明确的答复，就说明这封信已经很完整了，如果发现对某些问题还是不清楚，那就说明书信不完整。

自问提问包括五部分：给谁写的，写了什么事，什么时候，什么地点、为什么，怎么做。

第八节　"工作报告"的写作技法

（一）工作报告的概念

工作报告是指党政机关、企事业单位按照有关规定，向上级机关或者法定对象汇报工作情况的文种。

（二）工作报告的特点

1. 行文的单向性

工作报告是下级机关向上级机关行文，一般不需要受文机关的批复，属于单行文。

2. 语言的陈述性

工作报告常用叙述和说明两种表达方式，语言简明，内容真实。

3. 成文的事后性

工作报告是在事情结束后或者发生以后，向上级汇报，事后或者事中行文。

（三）工作报告的分类

工作报告可以分为阶段性报告、综合报告、年度报告、专题报告等。

阶段性报告：指对某一段时间进行的总结性报告。

综合报告：全面汇报机关的相关情况。

年度报告：报告机关单位和企事业单位的人事情况等。

专题报告：对一定主题进行的综合性报告。

（四）工作报告的写作格式

工作报告一般由标题、主送机关、正文、结语四部分组成。

1. 标题。一般由发文机关、事由、文种构成。

2. 主送机关。工作报告的主送机关一般是上级机关。

3. 正文。一般由报告缘由和报告事项组成。报告缘由要指出报告的原因。报告事项的内容包括工作情况、存在的问题等，是工作情况的重点部分。

4. 结语。工作报告的结语有固定的习惯用语，如"特此报告"等，有的报告也可以省略结语。

（五）工作报告的注意事项

工作报告要以事实为依据，汇报内容要全面，虽然不能做到面面俱到，但要突出重点，用语要严谨、简明。

下篇 企业公文写作规范及案例

第一章 企业常用公文

第一节 计划任务书

范例:

××胶印书刊公司基本建设计划任务书

一、为适应出版事业发展的需要,逐步解决本市印刷生产力严重不足的矛盾,需建一个年产××万令纸的书刊公司。按照印刷技术发展要求,新公司将以胶印工艺为主,在降低成本、提高质量和缩短生产周期方面,比现有的铅印印刷均有所改善。

二、新公司全年生产能力:胶印照相制版(四开)×××副,排字(原稿数字)××××万字,胶印书刊印刷××万令纸,书刊装订××万令纸。生产工艺:排字主要采用照相排版工艺;封面、插图采用电子分色、照相制版工艺;印刷以高速机印刷正文,以多色机印刷封面、插图,解决全书配套问题;装订以精装、简装等流水线为主要工艺。

三、新公司以选择在××、××或×××地区为宜,尽可能减少原料和成品的运输量。新建厂水文等资源以及地质等勘察、查定等工作,拟请设计部门负责。公司建筑面积为×万平方米、职工宿舍×千平方米,占地××亩。投产后所需的原材料、燃料、动力和供水等,均无特殊要求。

其中:1. 主要原材料需用的纸张和油墨:纸张列入国家统一计划,全年需要××万令纸，平均每吨按××令计算，全年需纸张××××吨；油墨平均每千色令按×××公斤计算，全年共需××吨左右。2. 燃料：直接用于印刷和装订的燃料极少，辅助生产所需也有限。新公司全年用煤约×××吨，汽油××吨（包括生产、运输）。3. 全年用电约为×××万度，煤气约××万立方米。4. 全年市内运输量××××××吨左右。

四、新建公司因采用照相排版和PS版工艺，不存在废气、废液问题。少量显影药水（无毒），可在生产过程中采用过滤和沉淀等措施予以解决。

五、新公司的建设进度：争取××××年内批准项目，××××年上半年解决征地和工程设计，同年年内力争破土，××××年逐步投产。全部工程在××××年上半年竣工。土建工程请本市建筑单位承包。所需印刷专业设备，向中国印刷物资公司申请订购。

六、基建投资及投资来源：全部投资×××万元（其中设备费×××万元），可由利润分成解决。

七、基建的经济效果：新公司投产后，将成为本市第一家胶印书刊公司，每年销售收入约×××万元，全年利润约×××万元，全部投资争取在×年收回。

附件：设计任务计算依据一份（略）

×××××××公司
××××年×月×日

第二节　工作计划

（一）工作计划的概念

工作计划是行政活动中使用范围很广的公文，是应用写作的重头戏。机关、团体、企事业单位的各级机构，在对一定时期的工作预先作出安排和打算时，都要用到"工作计划"这种公文。

（二）工作计划的特点

1. 规划性。规划是计划中最宏大的一种，规划对长远工作作出了统筹安排，进一步明确方向，激发斗志。

2. 设想性。设想是计划中较为粗略的一种，从其内容来看，大多想法不够成熟，写法也是粗略勾勒，其严肃性、科学性及可行性较差。

（三）工作计划的分类

根据不同角度，计划可以分很多类：

根据时间长短来分，可以分为长期计划、中期计划和短期计划。

根据紧急情况来分，可分为正常的工作计划、紧急的工作计划、加急工作计划等。

根据指定计划的主体可分为自己制定和上司下达的工作计划及同等职位请求协助完成的工作计划。

按任务类型来分，可分为日常的计划和临时的计划。

（四）工作计划的写作格式

工作计划包括三个内容：计划的名称、计划的具体要求、订立计划的日期。

计划的名称：包括订立计划的单位或团体名称和计划期限两个要素，如"××企业的2017年工作计划"。

计划的具体要求：一般包括工作目的和要求，实施步骤等。

订立计划的日期：将写工作计划的日期写上即可。

（五）工作计划需注意

无论哪种计划，在写作中都应遵循以下几条原则：

1. 对上负责原则，坚决贯彻党和国家的有关方针及政策。

2. 切实可行原则。计划应从实际出发，不能因循守旧、也不可盲目冒进。

3. 集思广益原则。要深入调查，广泛听取群众意见，反对主观主义。

4. 突出重点原则。分清轻重，突出重点，以点带面。

5. 防患未然原则。要提早想到在实行中可能会发生的偏差，进而做出必要的防范。

（六）范例

行政日常工作计划

一、负责本部的行政管理和日常事务，协助总经理搞好各部门之间的综合协调工作，落实公司地规章制度，沟通内外联系，保证上情下达和下情上报，负责催办、查办和落实会议文件决定的事项，负责全公司组织系统及工作职责的研讨和修订。

1. 人力资源管理与开发

（1）组织架构的设计、岗位描述、人力规划编制、考勤管理的工作。

（2）招聘使用：提供工作分析的有关资料，使部门人力资源计划与组织的战略协调一致，对申请人进行面试并做最终录用和委派决定，对提升、调迁、奖惩和辞退做出决定，职务分析和工作分析的编写，制定人力资源计划，通过这些使企业内部"人事宜"即采用科学的方法，按照工作岗位要求，将员工安排到合适的岗位，从而实现人力资源的合理配制。

（3）工作报酬：制定合理的薪酬福利制度，劳付酬，论功行赏，通过报酬、保险和福利等手段对员工的工作成果给予肯定和保障。其次，促使员工提高士气和生产效率的各种激励策略也是对员工工作绩效的一种有效报偿。

（4）培训开发：企业之间的竞争主要是产品质量的竞争和人才的竞争。所以，应把全员培训作为企业立业之本，追求全员卓越，以人为本的管理方式。提供培训开发需求和待培训者名单，制定并实施培训开发计划：主要指职业技能培训和业务品质的培训，为员工发展提供咨询，规范在职培训，通过培训开"提高员工能力"和"发挥员工能力"，并以此改进员工的行为方式，达到期望的标准。

（5）人员考核：主要负责工作考核，满意度调查，研究工作绩效考核系统和满意度评价系统，制定纪律奖惩制度，以工作职责来制定绩效考核标准，通过这些活动可以公平地决定员工的地位和待遇，可以促进人力资源的开发和合理利用，并且维持和提高企业经营的高效率。

2. 负责公司各项规章制度的修订，制定及检查监督。

运用刚柔并济的管理模式，制定一套符合企业自身的管理制度，运用柔和的组织系统，强行进行指挥、控制、命令、硬性管理来达到目的。

3. 负责总务管理

没有后勤保障，就保证不了生产稳定正常的进行。首先要制定相关制度，加强对宿舍、食堂、水电、办公用品、零星修缮、部分固定资产、卫生、环境、车辆的管理。

4. 安全保卫

加强对人员进出、公务访客、车辆物品出入、消防安全、防盗防灾、职业安全防护等的管理，同时对员工进行安全教育，贯彻"安全第一""预防为主"的指导思想，创造一个安宁祥和的工作、生活环境，保证公司员工的生命财产安全。

5. 强调企业精神，创建公司的企业文化

企业文化不但能反映企业生产经营活动中的战略目标，群体意识价值观念和道德规范，还能提高企业员工的归属感、积极性和创造性，引导企业员工为企业和社会的发展而努力，同时企业文化还具有两种约束力，一种是硬的约束力，即制度；一种是软的约束力，就是企业的文化生活。

6. 塑造企业形象

（1）企业精神形象，它对员工有强大的凝聚力、感召力、引导力和约束力，能增加员工对企业的信任感，自豪感和荣誉感。

（2）企业环境形象

创造良好的企业环境，是企业生产经营活动顺利进行的前提和基础，充分认识企业环境的特征又是创造良好企业环境的基础。

（3）企业员工形象

制定《员工日常行为规范》，因为良好的员工素质和形象，是企业形象的重要构成要素,也是企业文化的具体落实。员工良好的仪表装束、言谈举止、工作能力、科学文化水平、精神风貌、工作效率等都会给社会公众一个整体印象。

二、我们要明白人事行政部门主管在公司中的角色和地位

1. 助手和参谋作用:作为公司的中层干部,人事行政主管首先要从意识上进行转变,要明白自己不是公司的管家,和其他部门是伙伴合作关系。既然老板设置了这个部门,那么我们就要发挥其应有的作用,为了公司的利益,在公司人事政策、人事关系等问题上,常常向老板提建议,成为老板的好助手和好帮手。

2. 服务者和监督者:该部门的特殊性决定了部门和人员的作用,主要有以下两个方面:(1)为公司发展和员工生活等提供服务;(2)对各部门的劳动与人事工作进行检查,并对违反者进行相应的处罚。

3. 自律者和示范者:作为管理制度的制定者和执行者,该部门和人员首先要严于律己,打铁还须自身硬,如果不能严格要求自己,也就难以严格要求别人。

三、对该部门有关人员的素质要求。因该部门人员的主要工作是和公司所有人员打交道,所以对我们的整体素质、知识、技能和资格等要求都较高,服务意识不仅要强,而且长于沟通和协调,对员工心理要有一定程度的掌握,对相关的人事知识与技能也有一定要求。

四、要发挥该部门的作用,我们不仅要做好团队管理工作,还要做好系统管理工作,为企业建立5p人力资源管理系,即以识人为基础的人事管理系统,选人为先导的招聘选拔系统,育人为动力的培训系统,用人为核心的配置使用系统,留人为目的的薪酬激励系统。

五、人事行政部门最终要帮助解决企业"该来的不来,不该来的又来了;该走的不走,不该走的又走了"的不正常现象,这又涉及公司的管理制度、招聘制度、绩效管理、薪金政策、企业文化等内容,具体到人事行政部门就是做好招人、育人、用人、留人四大环节的内容。

总而言之，人事行政部工作的最终目标就是确保公司的正常运作，为企业创造经济效益，这也是人事行政部门存在的价值。作为一个人事行政部门的主管，我们如果不能掌握以上的知识和技能，就不可能做好该部门的工作，更不用说为企业创造经济效益了。

行政工作一般是与各个部门之间的协调工作，传达上级指示，工作下发文件，起草文件，工资发放，考勤，组织活动、赛事，等等，还有进行公司企业文化宣传等。

第三节　生产计划

（一）生产计划的概念

生产计划是企业生产运作系统的总体计划，是企业对计划期应达到的产品品种、质量、产量和产值等生产任务的计划和对产品生产进度的安排。它反映的并非只是某几个生产岗位或某一条生产线的生产活动，也并非一些具体的机器设备、人力和其他生产资源的使用安排问题，而是指导企业计划期内生产活动的纲领性方案。

（二）生产计划的特点

1. 充分利用销售机会，满足市场需求。
2. 充分利用盈利机会，实现生产成本最低化。
3. 充分利用生产资源，最大限度减少生产资源闲置。

（三）生产计划的分类

根据不同性质来划分，可分为长期生产计划、中期生产计划、短期生产计划。

根据计划层级或作用来划分，可分为主生产计划和次生产计划。

（四）生产计划的内容

通常生产计划的内容有以下四种：

1. 生产什么产品，如生产汽配行业的一种凸轮，名称代号是

"kj908"。

2. 生产多少数量或重量。

3. 在哪部门或单位生产。

4. 要求在什么时候完成。

（五）生产计划的注意事项

如果一个企业没有做好生产计划，那么该企业的发展将会受到很大影响，如企业没有对生产现场做好管理，那么将会造成浪费。生产计划应注意以下两点：

首先，企业要加强对现场管理的认识，只有这样才能降低企业成本，让企业生产更顺利地进行。

其次，要发挥班组长作用，班组长在企业中充当兵头将尾角色，合理运用手中权力，调动每个员工的工作积极性，进而提高企业的整体效率，企业才会更好发展。

（六）范例

三星暂时调整 Note7 生产计划

因 Note7 爆炸事件频发，昨日早间，三星决定暂停 Note7 的生产，为三星生产 Note7 的越南工厂已经停止生产。三星中国方面对此回应"没有相关声明内容"，不过几个小时后，回应又成了"暂时调整生产计划"。

因 Note7 发生多起电池起火爆炸事故，9月2日，三星宣布在全球启动召回 250 万台已经售出的 Note7，为用户更换新电池。不过更换了新电池后的 Note7，似乎尚未做到完全安全。三星开始为用户换新之后又出现了 5 起爆炸起火等事故。10 月 5 日，一部 Note7 在美国西南航空一架起飞前的飞机上起火。出于安全考虑，美国电信运营商 9 日宣布，将全面停止 Note7 的销售。

不过截至昨晚，中国三星电子官网并未出现停产声明，Note7 仍为首页主推明星产品，Note7 在天猫、京东等商城依旧正常销售。三星官网置顶处还是 9 月 29 日发表的声明，称对于运营商和消费者对 Note7 的担忧表示理解，将尽快公布调查结果。

第四节 利润分配计划

（一）利润分配计划的概念

利润分配计划书是公司按国家和企业的利润分配关系所作的关于利润分配方向及数额的文书。利润分配包括应上缴国家的利润、所得税等利税和留归企业自主分配的利润三部分。

（二）利润分配计划的写作格式

1. 标题

标题是单位和计划名称构成。

2. 正文

正文主要内容是简要说明计划单位的基本情况和制定本计划的指导思想、利润分配指标及分配方法。

3. 结尾

结尾要注明日期，还要加抄送单位，日期要加盖公章。

（三）利润分配计划的注意事项

利润分配计划要注意以下几点：

1. 要有一个贯彻始终的指导思想。

2. 明确分配指标。

3. 掌握分配方法。

（四）范例

××公司利润分配计划

公司实行企业化以后，统一上缴利润，统一按国家规定计提利润留成和增长分成。为了促进各企业关心生产，增加盈利，提高经济效益，做好利润留成再分配，在局主管处的指导和大力帮助下于××年×月制定了如下方案：

盈余公积金：按税后利润10%提取，盈利公积金已达注册资本50%时可不再提取。盈余公积金主要用于保证重点项目、改造和扩大生产，也可用于弥补亏损或用于转增资本金。公益金：主要用于企业的职工集体福利设施支出。公益金在公司分配当年税后利润后，按照利润的5%–8%提取。

利润指标的确定和考核：首先由计划科按各厂生产能力，结合大类品种的安排，提供年度品种产量。由财务科根据上年实际百元利润，求出各品种利润和全部产品利润总额，在适当考虑营业外支出的情况下，确定年度利润定额，以此作为奖励基金分配的依据。利润定额确定后，遇有产品结构变化时，如内销品种改出口或安排新品种，影响利润部分，利润定额予以调整，不让企业吃亏。各企业按各类品种单位利润计算出的利润定额，主要是解决安排品种时"挑肥拣瘦"的弊病和"苦乐不均"过大的问题，以促使企业充分挖掘内部潜力，增产适销对路的产品和促进节约，扩大盈利。

奖金分配办法：此项在利润分配中计入转作奖金的利润。各厂必须完成公司下达的各项指标（产量、质量、品种、利润），按每月每人8元返回企业，以保证生产奖的发放，四项计划指标中，每少完成一项，扣减25%，即按6元返回企业。公司统一计提的奖励基金，减去每月返回企业的数额后，除留少量作为调剂使用外，结余部分根据企业完成利润定额的情况，半年预分，年终算总账的办法，按照超利润的比例，结合职工人数进行分配，即该厂职工人数，乘以超利润定额比例，变成分数，以各厂分数之和，去除公司结余奖励基金，得出每分的分值，再乘该厂分数，即为该厂应得的奖励基金。计算公式如下：实现利润−调整后利润定额 ＝超定额利润，超定额利润／调整后利润定额 ＝超额率，超额率×平均职工人数 ＝该厂分数，公司结余奖励基金／各厂分数 ＝每分的分值，该厂分数×分值 ＝该厂应得奖励基金

浮动嘉奖：公司根据上级部门的要求，在不同的时期有不同的工作重点，结合奖励，确定浮动奖条件。例如，为了奖励巩固提高和创新名牌产品，经主管部门鉴定，凡漏验率在1%以上，符标率在95%以上，每个名牌产品，增加超额利润率2%；银牌加3%，金牌加4%。染纱厂和整理厂制订符标

条件，经公司批准后，亦执行上述嘉奖。经济惩罚：重大事故造成死亡、火灾等，使国家财产遭受重大损失的，扣罚奖金。违犯财经纪律问题较严重的，扣罚奖金。扣罚办法视情节严重程度，由公司领导决定。

××年××月××日

第五节　工作规划

范例：

××省重点疾病防治工作"××"规划

1. 规划背景

"××"期间，××省的卫生防疫防病工作，在各级党委、政府的领导下，认真贯彻以"预防为主"的方针，实施《中华人民共和国传染病防治法》《中华人民共和国食品卫生法》以及有关的法律，在疾病控制、卫生监督监测、健康教育、科学管理等方面取得了可喜的成绩，部分严重危害人民健康的疾病已得到控制或消灭，完成了"××"期间确定的任务，为经济发展和社会进步作出了贡献。

（1）重点疾病防治现状

通过实施"冷链"建设和计划免疫等一系列防病措施，与"××"期间相比，急性传染病报告发病率由××人下降到××人，死亡率由××人下降到××人。全省以乡为单位儿童计划免疫接种率达到85%以上。脊灰、白喉、百日咳和麻疹的发病率，均达到了"××"期间的规划控制目标。

（2）"××"期间面临的主要问题

重点疾病危害仍然严重。目前我省传染病、地方病仍然威胁着人民群众的身体健康。病毒性肝炎、痢疾、淋病等传染病发病率高，一些已消灭的传染病又死灰复燃，新的传染病传入我省。工业化、城市化、人口老龄化进程加快，与生态环境、生活方式相关的公共卫生疾病问题日益加重，慢性非传

染疾病患病率上升，职业病形势严峻。（略）

2. 目标任务

一是坚持综合治理的原则。各地、各部门要在政府的统一领导下，针对引起重点疾病发生发展的自然因素和社会因素，结合本地、本部门的工作特点，认真开展疾病防治的综合治理，做到治标与治本相结合，突击性工作和经常性工作相结合。

二是坚持突出重点的原则。根据疾病的变化和疾病模式的转变统筹安排，把卫生防疫防病工作的重点放到严重影响人群健康的重点疾病上，围绕重点疾病制定工作目标，分配卫生资源，落实重点人群的重点防治措施。

三是坚持分级管理的原则。重点疾病防治实行分级负责、分级管理。各级政府要将重点疾病防治纳入本地的社会和经济发展规划，切实承担起区域卫生防疫防病责任，坚持防疫防病与经济社会进步的同步发展。

（1）总目标

认真履行我国政府向国际社会作出的承诺，如期在全省范围内消灭脊髓灰质炎、麻风病，消除碘缺乏病和新生儿破伤风。

要预防和控制严重危害我省人民健康的重大疾病，尤其是血源性、食源性和水传染病以及地方病的防治，包括霍乱、病毒性肝炎、大骨节病、结核病等。

有效遏制性病、艾滋病等疾病的上升趋势，努力减轻对人民健康的危害和对社会经济的影响。

全面提高对突发事件、新发疾病和不明原因疾病的应急、快速反应和处理等综合能力。

（2）主要指标和任务

① 继续巩固和做好计划免疫工作。（略）

② 如期完成国家规定的消灭疾病防治任务。（略）

③ 有效预防和控制一些严重危害我省人民健康的重点疾病。（略）

3. 基本对策和保障措施

（1）强化政府职能，搞好部门配合

党和政府的领导是发展卫生防病事业的根本保证。各级政府要把保护人民健康，预防控制重点疾病作为政府的重要职责，把重点疾病防治工作纳入当地经济和社会发展的总体规划，列入重要议事日程，切实加强政府对公共卫生工作的领导。动员和组织人民群众搞好重点疾病的防治，确保一方平安。各地要把重点疾病防治的主要指标、任务，纳入目标管理和领导干部政绩考核的重要内容，认真抓好落实。（略）

（2）保证重点疾病预防和控制的经费投入，多渠道筹集卫生防病资金预防和控制重点疾病，是社会进步的重要标志，它具有投资少、效益高的特点，各级政府要采取有力措施，保证重点疾病预防与控制的经费。在保证卫生事业费增长不低于财政支出增长幅度的同时，要调整卫生资源配置，提高重点疾病防治经费占卫生事业费的比例。各级计委、财政对卫生防疫机构的基本建设、冷链运转和大型设备的购置、维修，按照疾病防治的要求给予安排，人员经费、业务经费和重点疾病专项经费一并纳入预算管理，但不冲抵财政拨款。卫生执法监督工作费用由财政予以保证。实行"收支两条线"。（略）

（3）加强卫生防疫机构和队伍的建设

各级卫生防疫机构是各级政府贯彻落实重点疾病防治策略的主力军。国家创办的各级卫生防疫机构，要切实承担起本地区重点疾病防治的主要任务。卫生防疫机构实行站（所、院）长负责制，要加强自身建设，进一步强化管理，逐步建立起有激励、有约束、有竞争、有活力的管理运行机制。（略）

（4）加强卫生防疫防病法制建设，强化重点疾病的预防性卫生监督以贯彻《中华人民共和国传染病防治法》和《中华人民共和国食品卫生法》为重点，强化卫生防治工作的法制管理，尽快制订配套法规。"××"期间，省、市（地、州）立法机构要组织领导完成食品卫生法实施办法、卫生杀虫药剂管理办法、结核病防治管理办法、职业病防治监督管理办法以及与疾病控制、卫生监督法规相配套的地方性法规、规章制订、申报和修订工作，继续完成相关卫生标准的制订工作，完善公共卫生和疾病控制的卫生标准体系，做到"有法可依，有法必依，执法必严，违法必究"，以满足疾病控制和卫生执法监督需要。（略）

（5）加强重点疾病的科学研究，提高人民群众的防病意识

预防医学科研要针对严重危害我省人民健康的重点疾病，根据防疫治病的有机结合，大力推广适宜技术，加快科技成果的转化和应用，积极开展国际交流合作，加快科技信息的开发利用和传播，促进卫生防病能力和整体水平的提高。（略）各地和省级有关部门要按照本《规划》的精神，结合《××省人民政府关于印发全省防治血吸虫病、地方病"九五"规划的通知》的要求，根据实际情况制订具体贯彻措施和考核办法。

第六节　会议简报

（一）会议简报的概念

会议简报是会议期间为反映会议进展情况、会议发言中的意见和建议、会议议决事项等内容而编写的简报。

（二）会议简报的特点

1. 内容专业性强。会议简报一般由相关单位或部门主办，专业性很强。如《水利工程会议简报》由单位组织专人进行编写，其专业性很强，通过简报可以让领导及时了解情况，及时解决问题。

2. 篇幅简短。一般情况，会议简报只登一篇文章或几段信息，总共一两千字，读者能够很快将其读完，满足了快节奏的工作需求。

3. 限于内部交流。一般的报刊是面向全社会的，内容是公开的，而会议简报不同，它一般只限于编报机关管辖范围内各单位之间交流，不能公开传播，有的会议简报是给某些领导看，具有一定的保密性。

（三）会议简报的写作格式

会议简报通常是由报头、报身（正文）、报尾三部分构成。

1. 报头。跟其他简报一样，正中由醒目的大字标明简报名称，报名下面要标明编印机关、印发日期、编号。简报名称可由会议名称和文种类别组成，也有的只简单标有"会议简报"四个字。

2. 报身。又称为正文，是会议简报的主体，其写法根据具体情况来确定，常见的有以下三种写法。

（1）综述法。由编者采集各方面的言论、意见概括而成，相当于一份会议综合报告，全面反映会议进程等详细内容。

（2）重点报道法。重点反映会议的某个重要内容，然后进行小组讨论，随后进行发言等。

（3）摘要法。摘录代表发言该要，供参与者阅读。

3. 报尾。位于简报的最后一页下方，注明主送单位或个人姓名、抄送单位等。

（四）会议简报的注意事项

会议简报的编写要及时、简明，具有指导意义，涉及各级机密的事项不应随意编写。整理会议简报要做到一快、二简、三精、四准。

（1）快，速度要快，会议简报常是头天讨论情况，第二天就要印发到参会人手中，这就要求编写简报的人要快速整理出简报。

（2）简，顾名思义，简报就是要简单，不说废话，写法上要开门见山，直截了当。

（3）精，材料要精确，简报内容要根据会议的中心展开，突出重点，提炼概况。

（4）准，内容要准确，会议简报就是要反映情况的真实性，甚至要还原会议原话。

（五）范例

会议简报

5月14日上午10：00，集团关于中石油云南炼油项目情况介绍会在集团

17楼会议室召开。集团领导班子成员，集团各部室及二级公司共49人参加学习宣讲会。会上传达了《中共云南省委办公厅、云南省人民政府办公厅关于认真组织学习宣讲〈中石油云南炼油项目有关情况介绍〉的通知》（云办发[201x]21号）文件精神，领学了《中石油云南炼油项目有关情况介绍》，强调了学习宣讲《中石油云南炼油项目有关情况介绍》的重要性和紧迫性。中石油云南炼油项目技术安全可靠，是经过了可行性研究报告、环境影响评价报告、水土保持方案评估、安全评价报告等54项立项核准文件批复的项目，严格依据国家有关环境保护的法律、法规开展环评工作。

集团领导要求集团上下要切实增强政治意识、大局意识和责任意识，认真贯彻落实省委、省政府对中石油云南炼油项目的有关工作部署和安排。各二级公司要把学习宣讲《中石油云南炼油项目有关情况介绍》作为当前的一项重要任务来抓，切实把思想和行动统一到省委、省政府的安排部署上来，把中石油云南炼油项目建设的重要性、安全性以及省委、省政府加强环境保护的态度和决心传达到每一位员工心中，正确传递党委、政府的声音。

通过学习宣讲，广大职工有了理性思考，正确判断，统一了认识。参会人员纷纷表示今后要相信科学，相信政府，自觉抵制不实言论、错误思想的干扰，在大是大非面前要保持清醒头脑，在思想上、认识上与云南省委、省政府保持高度一致，成为省委、省政府方针政策的知晓者、拥护者，不信谣、传谣、不参与影响和谐稳定的活动，立足本职岗位，确保安全生产，自觉维护和谐稳定的大好局面。

×××

×年×月×日

第七节　会议记录

（一）会议记录的概念

在会议过程中，由记录人员把会议的组织情况和具体内容记录下来，就形成了会议记录。"记"有详记与略记之别。略记是记会议大要，会议上的重要或主要言论。详记则要求记录的项目必须完备，记录的言论必须详细完整。若需要留下包括上述内容的会议记录则要靠"录"。"录"有笔录、音录和影像录几种，对会议记录而言，音录、像录通常只是手段，最终还要将录下的内容还原成文字。笔录也常常要借助音录、像录，以最大限度地再现会议情境。

（二）会议记录的特点

1. 综合性。会议记录是对会议中的各种材料等进行综合分析，概括，它具有整理和提炼的特点。

2. 指导性。首先会议本身是具有权威性的，其次会议记录反映了会议的主要精神和决定事项。记录一旦下发，将对相关单位及人员产生一定的约束力，进而起到指导性作用。

3. 备考性。一些会议记录主要不是贯彻执行，而是向上汇报或向下通报情况，必要时可作为资料来查阅。

（三）会议记录的分类

根据会议性质来分，会议记录可分为办公会议记录、专题会议记录等。

办公会议记录是记述机关或企业等对重要工作等进行的讨论、研究等。会议记录一般有例行型办公记录，如记述例行办公会议情况及其会议事项的会议记录等。

专题会议是专门记录座谈会讨论、研究情况和成果的一种会议记录。

（四）会议记录的写作格式

1. 明确会议名称，要写全称，写明开会时间、地点及会议性质。

2. 要详细记录会议主持人、出席会议应到人数及缺席等情况。

3. 真实记录会议上的发言和相关动态，当然，会议发言中的插话、临时中断及别的重要会场情况，都应作出详细记录。

（五）会议记录的注意事项

1. 真实、准确。如实记录他人的发言，不能添加内容，更不能断章取义。

2. 要点不漏。记录的详细和省略，要根据会议情况来决定，一般来讲，决议、建议等都要记录清楚、详细，其他的可抓住要点，略记大意即可。

3. 始终如一。记录人从会议开始到结束都要认真负责地记录。

4. 注意格式。格式不要复杂，通常包括时间、地点、出席人数、主持人、缺席人、记录人。而会议内容是会议记录的主要部分，包括了发言、报告、建议等。

（六）范例

×××有限公司办公室会议记录

时　　间：20××年×月××日星期×

会议地点：×××　会议主持人：×××

会议记录人：××

出席人：公司各部门人员

缺　　席：××人

会议内容：

为了公司的良好发展，公司召开了业务会议，提出了以下内容。

××经理提出：

1. 关于公司人员的重新分配，从今天开始，××着重投入网络的优化，做好网页宣传，而新入职的办公室助理则接手××之前担任的行政工作内容，其他人继续做好自己的本职工作。

2. 严格管理业务部，业务是最重要的模块，要加大投入力度。

3. 严格执行考勤制度，一个月内迟到两次要扣除相应的工资，遵守打卡制度，如有特殊情况，须提前请假，没有提前请假的员工需在次日到梁经理处补名。

4. 有关座位的重新编排，把业务部的人员规划在一起，让公司有一个严谨、规范的形象。

5. 最后,规范一个专门对外接受咨询的qq,每天专门由××一人负责登录,然后分派给业务员,到月末统计网上咨询了解公司产品的客户人数。这样有利于决定加大还是保持公司的投入力度。

总经理××提出:

1. 加强生产、销售,销售是重点,需要用心做,另外还提议员工多走车间,这样可以更好地了解产品的参数和构造。

2. 对商品的投放力度要加大,努力完善优化网站。

3. 尤其外贸部这一模块,需对其进行更详细的细化、整理。最后,××总结出做业务最重要的是快和专业。

××提出:

1. 由于下班期间仍然有电话打进,××建议将电话转接到业务员的手机,以便能够及时接到电话。

2. 办公室的仪容要靠大家一起保持,细至每一个人的座位,大至公司的财产保护,尽力改善公司的形象,让别人看到公司的规范。

3. 同事之间应该互相提出建议,做到一起进步和努力。

最后,××总结了今天的会议内容,每一个员工都需要用心投入,付出与收获是成正比的,公司的发展离不开每一位员工的努力。

第八节　会议方案

(一)会议方案的概念

会议方案是在会议召开之前对构成会议的各个要素作出系统周密的书面安排的会议文书,属计划类公务文书。会议方案一般是为大中型或重要的会议所做的预设方案。一般单位内部召开的小规模的例行会议可以通过简易会议计划或会议通知来预先安排好会议事务。制定好会议方案,在会议召开前对会议的目的、规模、时间、地点设施、内容、议程、日程、组织形式、会议文件、经费、后勤服务等要素做出周密安排，能促进会议顺利进行，达到预期效果。有些会议还需要向上级机关请示核准，会议方案可作为上级审核批准的重要依据。有些会议方案也可发挥通知的作用，向联办或与会单位通报筹备情况，以便做好必要的准备。

（二）会议方案的特点

1. 针对性。会议方案多是对大型会议做出的规划安排，具有针对性。

2. 多样性。由于会议的种类很多，这就使会议方案也呈现多样性。

3. 指导性。会议方案是对整个会议进程具有指导意义。

（三）会议方案的分类

根据会议性质来分，可分为以下三种：

1. 工作会议方案。工作会议，不像代表会议在程序和规格上要求严格，但是在材料准备上需要突出自身的特点。

2. 表彰奖励性会议方案。表彰奖励会议除去会议之外，还包括了奖品，这就需要在财力及物资方面做好准备。

3. 代表会议方案。一般这类会议参加人数很多，会议时间也很长，会议程序很严格，其方案较为复杂。

（四）会议方案的写作格式

会议方案通常是由标题、开头、主体、结尾、落款五部分构成。

1. 标题。其写法是由召开单位或范围、会议名称、文种构成，有时可以省略会议召开单位。常用的文种名称有：方案、策划方案等。

2. 开头。在开头部分一般会写明召开会议的缘由、根据、单位、会议名称、时间、地点等，对会议的基本要素进行说明，然后引入主体。

3. 主体。主体部分一般都会写明会议的宗旨，主题、日程等。

4. 结尾。根据会议方案的性质而定，属于下级机关请示上级机关，可写"以上方案，当否，请批示。"

5. 落款。一般写明发文机关、时间并加盖公章。

（五）会议方案写作技巧

1. 科学安排，全面考虑。会议方案是根据会议的内容，将举行会议的相关规定、可能会遇到的情况等全面统筹。

2. 层次分明，合理安排。写作时，撰写者要将各条款合理安排，做到顺序合理。

3. 明确要求，安排细致。很多大中型会议内容较为复杂，在就需要撰写者在统筹方案的时候要考虑周密，妥善安排各事项。如对资料撰拟、分发等，做出明确安排，对会议衔接时间要做出准确计算。

4. 留有余地，灵活应对。要避免将时间安排过于紧密，进而造成被动局面。

（六）范例

××机械厂关于召开职工教育工作会议的方案

××市机械局：

为了贯彻落实《关于加强职工教育的决定》，我厂定于5月10日至15日，在厂招待所召开职工教育工作会议，特制定会议方案如下：

一、会议目的。认真学习《关于加强职工教育工作的决定》，传达省市教育工作会议精神，结合我厂实际情况，制订加强职工教育的规划，研究落实中青年职工的"双补"教育工作。

二、会议规模。主管教育工作的厂党委书记、厂长；厂部有关科室负责人、工作人员；各分厂主管教育工作的负责人；各车间主管教育工作的主任；工会、共青团各级主管教育工作的负责人，共58人。

三、会议日程。5月10日，传达省市教育工作会议精神，学习《关于加强职工教育工作的决定》。大会传达后，分组讨论，吃透上级精神，提高认识，端正态度。5月11日至15日，结合我厂实际情况制订加强职工教育规划，研究落实"双补"教育任务，解决"双补"教育中的各种实际问题。

四、会议采取大小会相结合的方法进行。10日上午举行开幕式，大会传达上级会议精神及中央文件,由党委书记×××作动员报告。15日下午举行闭幕式,宣读我厂加强职工教育规划,部署开展"双补"教育任务和措施。

五、会议准备工作。厂里准备抽调十名熟悉教育工作的同志,用半个月时间通过调查研究,写出一份加强我厂职工教育工作,特别是开展"双补"教育工作的实施方案,并制订出加强职工教育工作五年规划(草案),拿到会议上讨论修改。

六、会议经费。为了集中精力开好会,所有参加会议人员一律在招待所住宿。其各项开支见附表。

七、请局领导参加我们的会议,并请分管教育工作的×××局长在开幕式上讲话。关于讲话稿的撰写,将派专人面谈。

以上方案,当否,请批示。

××机构厂(公章)
××××年×月×日

第九节　营销总结

范例:

营销活动总结范文

按照上级行关于开展"情系政府客户,服务公共财政"联合营销活动的通知要求,我行积极行动,精心组织,结合××县政府部门实际情况,针对性地选择目标客户,落实目标责任,较好地完成了联合营销活动的目标任务,从×月×日至×月×日,营销个人网银用户××户,信用卡发卡××张,办理个人理财金账户××户,牡丹e时代卡用户××户。现将有关情况总结如下:

一、成立机构，精心组织

为确保本次活动目标的顺利实现，××行成立了"情系政府客户，服务公共财政"联合营销领导小组，行长担任组长，各相关职能部门、网点负责人为小组成员，对营销活动进行统一组织，协调和管理，领导小组召开会议，对政府部门资源情况进行认真分析，细心分类，锁定重点营销对象，各有关部门密切配合，及时沟通，从而为本次营销活动奠定了良好的基础。

二、搞好业务宣传，推进营销活动快速发展

活动期间，××行紧紧围绕活动主题，采取适合××县实际的促销宣传方式，提××我行银政合作产品美誉度，一是以集中营销为平台，上门营销为手段，通过高层拜访，银政恳谈会，上门送单等形式多样的营销方式，营销我行金融产品，同时要求营销人员要深入到户，现场辅导办卡、讲明用卡知识，让持卡人熟悉用卡流程，把服务贯穿于整个营销过程中。这些营销取得了较好效果，如政府某一名公务员，在营销人员现场演示后，很快认知、认用了工行牡丹卡，使用了工行牡丹卡后，还专门到银行表示对银行工作人员的感谢。二是加强柜面营销，政府部门人员到我行办理对公业务时，柜面人员及时将其介绍给有关人员，由营销人员与其进一步交谈，从而推介我行金融产品。三是完善激励机制，突出全员营销。为充分挖掘全行员工社会关系资源，有效调动上下整体联合营销资源合力，支行在经营目标责任制中，加大了二季度对银行卡业务的专项挂钩考核力度。不断完善激励机制，有效调动了员工营销的积极性和主动性，许多员工利用其亲属、朋友在政府部门任职的关系，积极营销，取得了一定的效果。

三、搞好售后服务，提高客户满意度

在本次营销活动中，我行还将搞好售后服务，提高持卡人用卡水平，使每个持卡人满意作为一项重要内容。为提高银行卡交易成功率，避免不成功交易，我行采取及时向持卡人解释"密码次数超限"及账户管理规定，提醒持卡人避免次数超限交易错误码，告诉持卡人在账户金额不确定时，先做查询交易，避免全额超限错误等，不仅加强了对持卡人的宣传和指导，更提高了持卡人的用卡水平，促进了交易的成功率。对客户提出的有关问题，我行及时完整解答，对当时不能做出回答的，在约定时间内进行电话或上门回访，以提高客户的满意度，从而在"不会用、不愿用、主动用"的过程中逐步培植一批客户。

第十节　专题简报

（一）专题简报的概念

专题简报是针对特定专题进行专项采集、内容处理分析后，按照简报的快、新、简的特点自动形成的简报。简报是各行政机关之间用来下情上报、上情下达和互通情况、交流信息的文种，是信息类公文中最重要、最常用的一种。

（二）专题简报的特点

1. 针对性。从其字面"专题"中就可见其针对性。

2. 规范性。从形式上来看，简报要求有规范的格式，即由报头、目录、报道正文等几部分组成。

（三）范例

湖北省国有企业创先争优活动简报
武钢推行创先争优领导点评常态化

武钢认真贯彻《关于在创先争优活动中认真做好领导点评的指导意见》和中央企业创先争优活动领导小组、省国有企业创先争优活动指导小组有关要求，积极推行创先争优领导点评常态化。春节前夕，武钢各级党组织普遍开展了一次领导点评，基本做到了全覆盖。创先争优活动的扎实开展和领导点评工作的不断深入，推动武钢生产经营和科学发展实现良好开局。

建机制，力求点评规范。武钢从深入开展创先争优活动一开始，就将领导点评作为推动活动扎实有效开展的主要方式之一，对点评的对象、内容、责任、方式、程序以及点评周期作了比较具体的规定。中央下发《关于在创先争优活动中认真做好领导点评的指导意见》后，武钢及时转发上级有关文件，对各级党组织普遍开展领导点评创先争优工作作了进一步规范和补充，形成了自下而上、上下结合，分层分类、评议结合，形式多样、点面结合的创先争优领导点评工作机制。在上下结合方面，由党支部按季度对党员开展活动情况、基层党委和集团党委每半年对所属党组织及书记抓创先争优活动情况进行一次集中点评；在评议结合方面，把领导点评工作置于民主评议党员、党支部"达标创先"竞赛、"四好"领导班子考评和党委工作考核总体布局中来设计；在点面结合方面，抓基层，抓典型，以领导点评推动创先争优活动水平不断提高。

抓推进，落实点评责任。武钢日前召开一季度党委书记例会，党委主要负责人第三次集中点评二、三级党委创先争优活动开展情况。武钢各级党组织加强组织推进，坚持领导示范，创新点评方式，确保点评责任落到实处。集团公司领导班子成员结合年底调研、干部考评、节日慰问等工作，深入基层一线开展创先争优点评工作。武钢总经理邓崎琳深入困难企业武钢重工调研时要求，围绕"抓干部执行力、抓产品质量、抓市场开拓、抓产能提升"创先争优。武钢党委书记王振有在钢铁主业片调研时指出，创先争优在巩固已有成果的基础上做到"五个结合"。三级单位党、政主要负责人组织领导干部开展"创先争优作表率"活动，围绕"六个是否做到"，利用中心组学习、"领导就是责任"讨论和专题民主生活会，对领导干部创先争优活动情况进行点评。各级党组织加强分类指导，把组织会议集中点评与工作现场即时点评、个别谈话重点点评、党员组织相互点评结合起来，增强了点评的实效性。武钢股份炼铁厂、港务公司在领导点评的同时，组织职工群众代表开展活动评议，对存在严重问题的，由党支部书记进行个别点评。武钢股份硅钢事业部组织党员填写《创先争优实绩与承诺点评表》，引导党员在接受点评中找差距、明方向。武钢还组织5个指导组深入基层督促指导点评工作，利用"情况通报"对活动开展情况进行书面点评。

树典型，激发创争动力。武钢坚持以先进带动、典型促动、榜样推动，激发各级党组织和广大党员创先争优的积极性和主动性，让点评工作点出动力、评出激情。去年5月份以来，武钢在表彰、宣传一批党内先进基层党组织和优秀党员基础上，通过创先争优活动推进会、集中点评会、党工部长活动日、党支部书记活动日等方式，推广交流了10个基层党委、7个党支部和2名党员的做法和事迹。春节前夕，武钢党委专门表彰2010年降本增效党员实践活动中涌现出的25个标杆党员责任区、20个降本增效先进党支部和10名降本增效党员明星。武钢内部媒体在抓典型、扬特色方面起到积极推动作用，先后刊发创先争优典型稿件500余篇次。

重实效，推动科学发展。武钢紧紧围绕企业科学发展和加快转变发展方式开展领导点评，增强点评针对性，确保点评质量。紧扣降本增效主题，结合党员责任区、党员承诺和党员先锋岗活动开展情况，对基层党组织和党员在优化品种、调整工艺、产品研发、提高质量、节能减排、开拓市场、降低费用、强化管理等重点工作中发挥作用情况进行点评。结合在领导干部中开展"创先争优作表率"活动情况，针对在"六个是否做到"方面查找出来的突出问题的整改情况开展点评，引导领导干部以模范带头作用推动创先争优活动不断深入。结合总结"十一五"取得的成绩和理清"十二五"发展思路以及制定2011年具体措施，组织开展领导点评，使点评过程成为鼓舞士气、推动工作深入开展创先争优的过程。武钢以创先争优领导点评常态化推进创先争优活动深入开展，取得了实实在在的效果。2011年1—2月，武钢铁、钢产量全面实现了目标计划，结构调整效益显著，生产经营实现了开门红。

第十一节　述职报告

（一）述职报告的概念

述职报告是指各级各类机关工作人员，向业务部门陈述主要业绩业务的报告。主要是领导干部向上级、主管部门和下属群众陈述任职情况，包括履行的岗位职责，完成的工作任务存在的缺点，以及对未来的设想等，并进行自我回顾、评估和鉴定。

（二）述职报告的特点

述职报告是任职者陈述自己任职情况，评议自己任职能力，接受上级领导考核和群众监督的应用文，具有汇报性、总结性和理论性的特点。

1. 自述性。即报告人讲述自己在一定时间内履行职责的情况。通常会使用第一人称，讲述自己的实际工作效记。需要强调的是，报告内容要真实，不可弄虚作假。

2. 自评性。要求报告人根据岗位规范和职责目标等，从自己任内的多方面做出自我评估，述职人应保持严肃、认真的态度，对自己作出恰当的评价，让人一目了然，切忌浮夸空谈。

3. 报告性。报告人应认识到自己向上级汇报工作是严肃的、正式的事情，所以在写述职报告的时候，用语要得体，要掌握分寸，不可夸夸其谈。

4. 个人性。述职报告是对自身所负责的组织或部门在某一阶段工作进行全面回顾，和一般报告不同的是，述职报告要以报告人的亲身经历为内容。

5. 通俗性。会议听众各式各样，这就决定了述职报告应通俗易懂，要让所有参与人都能听懂。

（三）述职报告的分类

1. 从内容上可以分为：综合性述职报告、专题性述职报告、单项工作述职报告。

2. 从时间上可以分为：任期述职报告、年度述职报告、临时性述职报告。

3. 从表达形式上来分：口头述职报告、书面述职报告。

（四）述职报告的写作格式

述职报告包括标题、称谓、正文和落款四部分。

1. 标题

单行标题："述职报告"或"在……（上）的述职报告"等。

双行标题：正题写主题，或写述职报告类型。

2. 称谓

指报告者对听众的称呼，视会议性质及听众所决定。如"各位领导、代表"，可放在正文的开头作为对听众的称谓。

3. 正文

述职报告根据报告场合和对象来确定，一般采用总结式写法，共分为四部分。

（1）基本情况。将履行的职责如实写出，语言要简短，精炼。指出工作工程、内容概况、主题认识等。

（2）成绩经验。首先，报告人要以事实为依据，对以往工作作出回顾、分析；其次，要点面结合，突出重点，写述职报告的时候，要总结出一定时间内的工作特点，并突出这段时间内的重要事件，让述职报告更具指导性；最后，要分析事实，找出规律，这是述职报告的关键部分，从所掌握的事实及材料中总结出规律性的东西，让述职报告更有意义，切忌简单罗列事实。

（3）问题教训。有条理地进行阐述，避免出现避重就轻的情况。

（4）今后计划。包括目标、措施、要求三个要素，要做到切实可行，报告结束的时候要用礼貌用语"以上陈述报告妥否，请予审议。谢谢大家"。

4. 落款

述职报告的落款要写明自己的姓名和单位名称，还要写好报告的具体日期。

（五）述职报告的写作技巧

述职报告应做到"四忌"：

忌过分邀功。一些领导干部在述职报告中，主要报告自己在组织过程中的实践活动，报告实践活动要实事求是，不要只写自己，而应写自己领导的"班子"。对于自己的成绩，要做到既不虚夸，也不过谦；对于工作中的错误，要找到主观原因，少说客观理由。

忌详细叙事。在干部述职大会上，一般每个人只有5分钟的述职时间，有人会在短暂的几分钟内，事无巨细地报告自己的工作，这样的述职者并没有掌握述职报告的要领。

忌不合时宜。述职报告写作中不合时宜的表现有：如某些担任了一定行政职务的人，在拟晋升专业技术述职中叙述自己的行政工作和管理能力等；在某种专题性述职中，谈与这一专题无关的事情。

忌务虚论值。在现实生活中，不少述职报告不是在述职而是在论职，有的人则在述职报告中用很多时间来谈自己对本职工作的认识，这都是错误的做法。

（六）范例

个人年终述职报告（技术人员）

时光飞逝，××年已经悄然过去。在过去的一年里本人在公司项目领导的支持和同事们的帮助下，我认真履行了自己的职责，加强施工生产管理，以提高自身素质为重点，以总公司"十制""五比五创"为指导，抓好队里的施工技术工作，支持党组织做好思想政治工作，加强自身的道德品质修养，使我的思想素质不断提高，工作不断进步，并较好地完成了项目所分配的各阶段施工生产任务，现将一年来的工作做如下总结。

一、工作方面

本人在××年负责施工队技术，主要是负责队里的技术、质量以及配合队长做好队里的其他工作。从年初先后参加援建四川××项目、××××道路改造工程项目和××路面项目。××项目是一个工期短工程量大的工程，段落地形复杂，交通不便，路基施工进度缓慢，垫层没有足够的施工段落，为保障项目工期顺利完工，我们队在环境复杂，施工难度大的特殊情况下，分段施工，路基交验一段，就施工一段，虽然这样调动比较频繁，员工比较辛苦，但施工进度得到了保障。在质量方面，我们队坚持施工质量检查制度，严格执行"自检、互检、交接检"的三检制度，使质量问题在每道工序施工中都能得到有效控制，加强了现场管理。在材料紧缺情况下，我们队依然没有降低对入场材料的质量要求，拒绝任何不合格材料进场。严格控制施工进度，明确施工任务量。在控制材料成本方面，我们队在不影响质量，选择有利于我们沙砾垫层几何尺寸，并对进场材料进行严格抽检，防止"跑、冒、滴、漏"问题的出现。我每天和核算员将当日完成的工程量进行节超对比，找出节超原因，为下一步控制材料成本打好基础，对存在的问题进行分析，找出不足，及时改进。

在××项目中，由于前期天气，变更等原因的影响，工程进度滞后，后期工程量大，为保证如期顺利完工，公司刘经理带领三名机关人员来到我们施工一线服务指导帮助，施工队实行两班倒，二十四小时施工，一天三餐都在路上吃，经过一个多月的紧张施工，终于在业主要求的工期内顺利完工。在紧张的施工过程中，始终贯彻执行了总公司的各项规章制度。

二、思想方面

一年来，我不断学习，努力提高自己的思想政治素质和专业水平。认真学习总公司的各种管理制度，深刻领会总公司重要会议的精神以及下发的文件。结合实际工作，有针对性地学习各类专业知识，我一方面认真学习与本专业相关的现行规范、技术标准；另一面在实践中加强学习，向有经验的老同事、监理单位虚心请教，不断提高自身的专业水平。

三、××年工作计划

××年我将在总公司××路面项目负责拌和站的收料工作，首先以身作则，带领队里人做好检斤工作，立足本岗，履行职责，对进场材料从数量上严格检斤。从质量上做到车车抽检，杜绝任何不合格材料进场，检斤小票，日报单要填写准确并及时上报材料科入账。随时与工程科、质检科保持联系，控制工程总材料，防止各个单质材料多进或少进的情况发生。作为青年技术人员，我一定要发扬四公司"传""帮""带"的优良传统，不仅在工作上帮助新毕业的学生，也要在生活上关心和帮助他们，让他们来到我们公司有一种回家的感觉。

在团结协作，提高团队精神方面，我要做到尊重领导，尊重同事，协调好同事间的关系。加强自身责任感，个人服从组织，下级服从上级，办事不独断，虚心听取不同意见。为人诚恳，办事公正，敢于承担责任。

四、合理化建议

希望新的岗位职责，能够尽快制定并实施。让每一个人都能够按着自己岗位职责来工作，避免出现推诿扯皮的现象。

五、自身不足与整改措施

总体上讲，我与领导和同事的沟通交流不够，管理能力和工作效率也有待提高。今后要多与同事交流，以达到互相激励，互相帮助，共同提高的目的。把更多时间用在学习和思考工作上。

第十二节　调查报告

（一）调查报告的概念

调查报告是撰写者对某项工作、某个事件、某个问题，经过深入细致的调查后，将调查中搜集到的材料加以系统整理，分析研究，以书面形式向组织和领导汇报的一种文书。

（二）调查报告的特点

1. 针对性。调查报告一般都有明确的意向，都是针对专题性的问题展开的。

2. 时效性。调查报告常要求撰写者在一定时间内，对某个问题作调查，并作出决策。如果时间过长，将会延误对问题的解决，也就无法发挥调查报告的作用。

3. 写实性。调查报告中会有很多现实和历史资料，撰写者应该用叙述性的语言来真实反映客观情况。

4. 逻辑性。调查报告离不开确凿的事实，它会对核实无误的事实进行严密的逻辑论证，探索事物发展变化的原因，揭示事物的本质和发展规律，进而得出科学的结论。

（三）调查报告的写作格式

从形式上来看，调查报告由标题、前言、主体、结语四部分组成。

1. 标题

调查报告有两种形式的标题，一种是单标题，可以根据"调查对象+调查课题+文体名称"的公式拟制；另一种是双标题。双标题是由正副标题组成，其中正标题采用常规文章标题写法，副标题常采用公式化写法，由调查对象、调查课题、文体名称组成。如"明晰产权风波—对太原市一集体企业被强行接管的调查"。

2. 前言

调查报告的前言一般根据主题部分的材料结构进行安排，常有以下三种类型：

提要式。即对调查对象最主要的情况进行概括，让读者在开篇对调查能够有个基本认识。

交代式。在开头简单介绍调查目的、方法等，让读者开篇对调查有个基本认识。

问题式。在开头提出问题，引发读者对调查课题的关注及思考。

3. 主体。

前言之后、结语之前的文字，都是主体。这部分的材料丰富，内容复杂。其结构形态包括以下三个方面：

（1）用观点连接各材料

就是从不同方面表现基本观点，然后以基本观点为中心将材料贯串穿在一起。

（2）归类材料性质，进而分层

如果课题比较单一，而调查报告中的材料比较分散时，撰写者可以采用这种结构。撰写者分析、归纳后，根据不同材料的性质，将其梳理分类，进而将一个类型的材料集中在一起表达，形成一个层次，不同层次可以加小标题，这样让人一目了然。

（3）以调查过程的不同阶段自然形成层次

如果调查报告的事件过于单一，就可以采用这种结构。类似于记叙文中的时间顺序。

4. 结尾。

调查报告会在结尾部分亮出作者的观点，是对主体部分的高度概括，结尾是很重要的部分，常见的写法有以下三种：

（1）概括全文，明确主旨。在结束的时候，撰写者可以将全文归结为一个观点，给读者一个理性的认识。

（2）提出问题，启发思考。如果一些问题没有引起人们的关注，想要引起读者的注意，可以在结尾将此问题进一步明确提出，进而引发读者的思考。

（3）针对问题，提出建议。在揭示相关问题后，撰写者要对问题提出一些可行的建议，以此为结尾来结束报告。

（四）范例

关于私营企业发展环境的调查报告

作为国民经济的重要组成部分，私营经济不仅是支持国民经济发展的重要基石，在地方经济发展中，它也具有无可替代的作用。为了及时反映私营企业发展情况，了解私营企业发展过程中存在的问题，为党政领导和各有关部门制定发展私营经济政策提供依据，威海市企业调查队近期以发放调查问卷和走访调研相结合方式，对全市40家私营企业发展环境进行了调查。

本次调查覆盖了全市三市一区及两个开发区的私营企业，抽中样本基本能够反映我市私营企业发展情况。从调查情况看，我市私营企业呈现以下特点：

一、私营企业经营管理者素质逐步提高 调查结果显示，我市被调查的

40家私营企业经营者男性35人，女性5人，平均年龄为44.3岁，是一支以中青年为主的有朝气、有活力的队伍。在这支队伍中40-49岁的人最多，占55%；30-39岁的次之，占20%；50-59岁的占17.5%；其余的占7.5%。从文化程度方面看，27.5%的企业经营者已拥有大学及以上学历，大专学历占22.5%，中专高中学历占32.5%，其余的占17.5%。有高级技术职称的占12.5%，中级技术职称占25.5%，无技术职称占一半多。任职年限最长18年，任职在××年以上者占32.5%，4-6年者占35.5%。企业经营者任现职前所从事的工作，来自企事业单位最多，占57.5%；党政机关占10%，农民占22.5%。以上数据尽管反映企业经营者素质在逐步提高，但与整体经济发展趋势要求还有较大差距，私营企业经营者综合素质有待进一步提高。

二、私营企业发展模式二元化 调查结果显示，我市私营企业的起步和发展大体可划分两种模式：第一种模式，以个体、工商户发展成私营企业，以家庭工业为起点的模式。企业的起初投资大部分来源于自有资金，22.5%私营企业经营者任现职前是农民出身。这种模式特点是起点低、自发性强、有活力。第二种模式，部分企事业单位、党政机关工作人员，在政府出台加快私营企业发展的一系列政策措施的感召下，毅然决定放弃企事业、机关部门工作，迈进了私营企业创业之门。他们把部分国有、集体中小企业转制为私营企业，或者租赁、承包个人经营，或改为股份合作制，企业的资金主要来源于银行贷款，合伙投资。经过一段时间的运作，大多数企业起死回生，企业效益转亏为盈。有67.5%的私营企业经营者来自企事业、党政机关。这种模式特点是起点较高、发展较快、效益较好。

三、私营企业组织形式日趋规范 从本次调查反馈的情况看，我市的私营企业组织形式由最初私营独资、私营合伙，发展到如今私营有限责任公司、私营股份有限公司、与外商合资等多种形式，其比例分别为25%、5%、50%、12.5%、7.5%。有限责任公司占据半壁江山，其比重有逐年增加趋势，组织形式日趋规范化。

第十三节　工作汇报

（一）工作汇报的概念

工作汇报是工作人员向上级汇报工作的书面材料，是应用写作研究的文体之一。

（二）工作汇报的写作格式

工作汇报，是将某个时期所做过的工作，进行一次系统的总结、分析，直观了解到在该时间段，工作中存在哪些缺点和不足。

1. 工作汇报要叙述情况，分析主客观条件。

2. 成绩和缺点。这是汇报的中心，要讲明成绩有哪些，缺点有哪些，还要具体到成绩及缺点形成的原因。

3. 经验和教训。做事情，总会总结一定的经验和教训，为了更好地工作，就需要对这些教训进行归类、分析，进而上升到理论高度提高自我认识，促进工作有效进行。

4. 今后的打算。根据工作任务及要求，吸取前一段时间的工作教训和经验，进而明确努力的方向，并提出改进措施等。

（三）工作汇报的写作技巧

1. 工作汇报要以充分的材料为基础，并做到实事求是，不能弄虚作假。

2. 一定要条理清晰，否则就达不到汇报的目的。

3. 裁剪要得体，详略应得当。

4. 工作汇报的具体写作，可从议论开始，人写出初稿，然后进行修改。

（四）范例

2016 年企业安全生产工作汇报

一年来，××公司在处领导及相关科室的大力支持下，在公司领导的正确领导下，在全体干部职工的共同努力下，实现了全年安全生产平稳运行的良好态势，现将全年所做的主要工作汇报如下：

一、公司基本概况

××公司的前身是××局××厂××大队，如今的公司经过近几年的重组改制而成。公司现有员工470人，有3个运输中队，2个特车中队，2个小车队和1个保养工段，现有各类在册车辆374台，在用车辆319台，维修设备43台。是一个集特车施工、运输车配属和车辆修理为一体的综合性车辆单位，××作业包括职工交通配属、物资拉运、原油拉运、管道试压、管线解堵、措施井搬家、措施井作业、新井投产、修井配合等内容。主要作业面对的是关联交易协议中处于甲方地位的采油二厂和二处内部的修井系统等主要单位，目前，随着市场化运作，作业已面向采油一处、三处，采油一厂、三厂、四厂，钻井工程总公司、建设工程总公司等油田市场，并与大庆油田、华北油田、石油管道局等单位有多年的合作经验，特别是在国家重点工程"兰一成一渝"输油管道、"涩一宁一兰"输气管道试压中多次中标，赢得了一定的声誉。固定资产5410万元，年创收6000多万元，安全生产多次获得处、局级先进单位称号。是一支设备精良，职工能够吃苦耐劳，攻坚啃硬，敢打硬仗、恶仗的××单位，同时也是第二采油技术服务处的支柱产业之一。

今年以来我公司在各级领导及有关部门的关怀和指导下，在全体员工的共同努力下，始终贯彻"安全第一，预防为主"的安全工作方针，狠抓安全管理工作。公司成立近四年，整体安全生产形势基本实现了平稳有序，所做主要工作如下。

二、指标完成情况（1-10月份）

1千人事故死亡率不超：计划：0.05%，实际：0，达标；

1千人事故重伤率不超：计划：0.3%，实际：0；达标；

1千人事故负伤率不超：计划：1.0%，实际：0；达标；

1千台车事故死亡率不超：计划：2.0%，实际：0；达标；

1千台车事故重伤率不超：计划：4.0%，实际：1.9%0达标；

1重大环境污染事故；计划：一万元以内，实际：0；达标；

1HSE/OSH"两书一表"推广率：计划100%，实际：100%；达标。

三、今年来主要所做的安全工作如下

思想是行动的指南，××公司领导班子在对安全生产重要性的认识上，态度是明确的，旗帜是鲜明的。我们深知，安全工作是事关国家、社会、家庭、个人的大事，是组织赋予我们的重任。我们更清楚，安全工作早已进入法制时期，安全立法与责任追究制度的构建出台，是悬在各级领导干部头上的一把双刃剑。因此，我们确立了以"体系管理为载体，安全第一"的安全工作指导思想，坚定了"抓生产从安全入手，抓安全从生产出发"的安全工作管理理念，及时修订完善规章制度，广泛宣传安全知识，不断加大监督检查力度，深入开展风险管理。在加强各个方面的安全管理的同时，我们还进行了多频次的安全检查，采取了一系列行之有效的安全措施，开展了形式多样的安全活动，加强了不同层次的安全教育，正确地处理了安全与生产、安全与效益、安全与速度、安全与质量等方面的关系，逐步在××公司建立起了安全生产稳定发展的良好局面。

1. 超前策划、狠抓落实，强化日常的安全教育等工作。

车辆运输单位，安全工作无处不在，无处不有。车辆日常的生产运行过程就是一个消除来自各方面的事故隐患的安全工作过程，因此，日常的安全管理是搞好安全工作的最基本要求。在日常的生产过程中，我们坚持以石油企业推行的HSE（OSH）"两书一表"作为最基础的安全管理模式，在各岗位积极开展风险识别、评价活动，及时制定出具体的风险消减防范措施。在生产组织中形成程序化管理，根据生产任务的不同性质，安排不同的人员和车辆执行其相应的生产任务。对执行长途任务的车辆，严格履行长途手续，每一趟长途任务都必须认真落实由机动检验、安全部门、公司主管安全领导、生产调度四级审核签认和教育的制度。坚持执行每季度一次的安委会制度，根据各基层队分析上报的安全工作难点和重点控制人员，公司制定相应的对策，下发下一季度的安全工作要点。节假日到来之时，提前制定安全防范措施，进行安全教育，严格执行"三交一封"管理规定，请假人员在安全部门交执照、交行驶证、交钥匙后，安全部门在请假单上注明，中队、公司才给办理请假手续。

在执行制度的同时，安全教育工作一天也没有放松，公司每天下午的生产会都必须结合当日的生产重点讲安全，次日中队早晨出车前的安全讲话必须提前准备，要求讲话一定要做到结合国家及局、处和公司安全新形势，具有针对性教育提示，同时指出讲话内容简短但不空洞，通俗但不无味，切实使安全措施落到了实处。今年以来，在安全教育中，我们抓住职工队伍中存在的"安全工作听天由命，安全工作不敢多讲"的错误认识，结合"安康杯"活动开展了多次大的安全知识竞赛、安全演讲活动，通过具体的事故案例、违章责任人现身说法等说理教育等多种形式，加大宣传声势，营造安全氛围。与此同时，公司还开展以不同时期、不同思路、不同层次命题的大讨论，如我们提出的"抓安全工作到底是为了谁""安全与岗位""安全与效益"等方面的讨论，从而使员工的安全观念从"要我安全"转变为"我要安全"，进一步大大提高了职工的安全意识，激发了安全工作中人的主观能动性作用。

根据公司设备管理制度，今年以来我们按照"谁检查，谁签字，谁负责"的原则，遵循以往惯例，每月定期开展"车场日"检查和每季度设备大检查工作，检查的重点是车辆的传动、制动、转向等影响安全行车的关键部位。对这项工作，公司领导高度重视，检查前有动员，有安排，工作中有记录，整改有结果，同时公司吸取每月十五日"车场日"对设备检查的经验，决定每月必须两次定向对外检查，检查范围主要指驻外人员、车辆。重点查看人的不安全行为，检查时由公司领导带队对南区、北区、环北、华池、元城等驻外片点车辆进行检查、教育，对存在的问题，现场督促整改，并提出相应的措施。这些举措，从制度上促使管理人员深入生产一线，掌握安全信息，为下步的安全工作如何开展找准方向，很大程度上降低了物的不安全因素。

2. 根据季节特点和实际工作，组织生产时先安排好安全工作。

今年我们通过以往经验和查阅有关资料，用科学理论认真分析换季给人的心理和生理、工作环境带来的安全隐患，我们及时下发换季安全行车注意事项。

为了营造良好的安全生产人文环境和工作环境，及时根据全国安全形势，公司根据具体情况及时通过计算机从网上下载了一些典型事故案例，打印成册下发各中队进行宣传教育。根据公司近期的生产特点，下发了公司《近期安全管理特别措施》。根据措施要求，安全部门加大了安全检查力度，上路检查人的不安全行为，机动部门加密回场检查，查看物的不安全因素。并专门规定，对重点工作执行带队跟班制。3台车以下（含3台车）的卡吊车辆作业，由吊车司机或中队指定人员带队，3台车以下（含3台车）的措施井施工由水泥车司机或中队指定人员带队，对3台车以上、六台车以下由中队领导带队，6台车以上（含6台车）由公司领导带队。同时在酸化、打水泥等重点工作上，不受车数限制，随时由公司领导或安排调度主任及中队领导带队负责施工及安全工作。

今年1-10月份以来，我们多次执行的大型任务，如多次往西安、靖边等地搬家，出发前公司都组织外出司助人员进行专门的安全教育。在工作过程中，中队领导带队，做到了安全生产。在一些安全风险大的工作执行过程中，公司领导带队组织有关人员保路保车，防止了"万一"的发生。

3. 根据生产实际情况，制定对策，保持安全生产的良好局面。

安全战略是我公司的首要战略，也是我公司发展的基础，更是工作的难点之所在。近几年，我公司在安全生产方面的问题主要有以下几种：一是日趋复杂多变的市场经济环境与驾驶员传统观念的不适应；二是任务重车辆和人员调整幅度较大不安全因素多；三是设备逐步老化，物的不安全因素多；四是安全环境（包括自然环境、外界条件、道路状况）的进一步复杂等方面。为了消除以上不利因素对我们安全工作造成的影响，我们在继承传统的安全管理经验时，学习和探索先进的安全管理办法，结合实际对安全工作进行加强和创新。如今，我们的安全工作整体上是平稳的，安全生产势头总体上是好的。

① 坚持行之有效的安全管理制度，保持安全生产的良好局面；合理安

排驾驶员的工作；坚持安全检查工作，查违纠错；坚持周一安全例会和每天早晨的安全讲话，做到了警钟长鸣；坚持职工思想教育，保持了良好工作心态，充分发挥人的主观能动性，进一步以安全理念赢得市场，取胜市场。

②加强安全管理，加大处罚力度，起到了安全生产方面的震慑作用，较大程度上减少了不安全行为；特车公司现运行各种机动车辆319台，工作区域分散在陇东各油区，交通安全管理的难度相当大，我们的指导思想是：用铁的制度、钢的手腕、六亲不认的管理来保证交通安全。今年的管理实践证明，公司所下的决心是对的，处理个别人，教育一大片，产生了震慑作用，在保证公司整体安全工作方面起到了积极作用。

③探索安全管理的新办法，适应新时期的安全工作；今年公司每月召开一次由班子全体成员、全体职工参加的安全大会，集体上安全课，增加安全讲话的效果，每季由行政一把手主持召开一次安委会，探讨下一步的安全工作，制定安全措施。这些方法一方面解决了安全工作中的难点，一方面起到了加强职工安全意识的作用。针对驻外片点安全管理松懈的问题，制定了片长负责制，给予片长相应的管理权力和报酬，一定程度上解决了驻外人员疏于管理的问题。对招聘的人员，公司明确要求要一人不漏地制定帮教措施，帮助其技术素质和驾驶技能的提高，防止这些人员发生安全事故。我们加强了安全程序管理，坚持先考核，后上岗的原则，淘汰了技术素质差的人员。这些新的办法，为我公司如何建立安全生产的良好环境打下了基础。

4. 以督查为安全管理主体，确保各项制度的有效落实

安全督查工作主要是以动态检查为主，同时对静态安全教育和规章制度进行有效的验证，使常规安全管理模式由被动的事后处理提升为主动事前预防。因此督查工作就显得更为重要，对此年初就制订了详细的督查运行规划。首先，建立完善了安全督查制度。今年以来，共出台了四项制度：《督查管理办法》《驻外车辆、人员安全管理规定》《驻城、华、元外片区管理规定》《车辆换驾管理规定》，还引进了体系管理PDCA循环，健全了《督导处罚整改通知单》《月度路查路检汇总表》《驾驶员每月动态分析》等资

料。这些，都为督查工作的进行提供了制度上的支持。

其次，根据公司的统一规划，抽调专人、配备专车成立督查领导小组，安全总监任组长，明确责任一步到位。良好的开端是成功的一半，如何开好头、起好步，公司领导一致认为应从人员的思想防线上突破，从人员长期养成的不良嗜好着手，在今年的督查工作中，督查组纵向上突破了八小时，横向上督查范围延伸到作业现场，做到了"五个结合"，即白天查与夜晚查相结合，正规道路督查和钻前公路督查相结合，现场作业督查和蹲点督查相结合，生产任务紧和生产任务松相结合，重点任务和重点人员相结合，同时要根据人员换季期间人员产生的不适如"春困秋乏"等生理特点，夏季侧重于加强司助人员日常作息监控，重点检查22点以后的夜市摊点、职工宿舍，以保证驾驶员有足够的精力确保整体作业安全平稳运行，冬季因天寒则检查人员饮酒问题。

四月份以来，公司根据生产实际，成立了城华元协查组，两路督查队严格履行处部的三项奖惩管理办法，坚持"你对违章讲人情，事故对你不留情"工作理念，不徇私情，做到对事不对人，严格从快、从重处理违章，并及时通报，今年共检查车辆2779台，查处违章53起，其中严重违章11起（公司内部6起，外单位5起），一般违章42起。

交通安全管理是全方位的工作，每一个细小的管理漏洞都会给安全工作造成不可预测的后果，驾驶员的习惯性违章是督查工作首先突破的关口。如：随意停放车辆、驾车吸烟、拉乘闲杂人员、驾驶车辆时不系安全带、开车打手机等，督查工作一开始就按年龄、驾龄、持证情况、个人嗜好、个人的约束能力等不同层面将驾驶员详细划分和归类，为安全教育侧重点提供依据，做到有的放矢。近期在督查工作中我们采取了跟踪督查制，就是对每月分析出的重点人员进行重点督查，每日从公司调度室获取重点人员执行工作的方位，在必经之路加以防范监控，使这一部分人员始终保证在有效的监控范围内。在督查过程中我们开展"今日我督查活动"，主要参加人员就是各单位中队队长、书记和安全网员，作为督查组有权随机性要求各单位人员配合督查组随时对生产过程进行检查，随时督导查处生产运行中的违规行为。

加大环境整治，营造安全氛围。今年，由公司领导安排、督导办牵头、安全部门配合，重点对两个（董家滩、华池）停车场进行规范整治，我们在车场院内凡突出或醒目的地方喷写安全警语、规章要求，悬挂安全宣传横幅，停车区域严格实施对号入座，全部标线明确就位清晰，喷写安全警语106余幅、悬挂安全宣传横幅17条。今年，督查组在公司领导下，结合生产实际和特点不断调整督查方向和督查手段，以适应保安全生产的需要。督查领导小组分析督查工作因受面的局限，认为要想全面监控安全生产全过程是不现实的，只有加大督查频次、提高督查质量才能弥补这一先天不足。在督导质量上，督察组严格落实规章，不徇私情，得罪了一部分人，但通过督查人员耐心讲道理举案例，最终被查处人员都能主动认识错误，写出检查并接受处理。同时，督导组还坚持每月一小结，每季一总结，排名次、奖优罚劣，用抓两头典型带动整体安全管理工作上台阶，借各类安全活动，促全员整改自查。安全督查，主观上讲是单一的安全管理行为，客观上却有着不可估量的以点带面的作用。如何让这一点的作用发挥至极？除了采取有效的创新方法再就是充分利用国家、局、处开展的各类安全检查活动为契机，以督查促检查，以检查抓自查，以自查带复查，以复查督整改，从而全面系统地消除生产中的安全隐患。

5. 积极开展安全活动，努力营造安全文化氛围

为了提高员工的安全意识，在公司营造安全文化氛围，从而达到"人人学安全，人人要安全"的目的，今年，公司开展了多项丰富多彩的安全活动。如在6月8日，借全处开展"安康杯"竞赛和安全生产月活动之机，我公司及时组织人员给全体员工和广大群众散发了《致广大职工家属同志们的一封公开信》，以令人心有余悸的案例让大家明白安全的重要性，有效地提高了员工和广大群众的安全意识。7月1日，在党的生日这个特殊的日子，公司开展"安康杯"安全知识竞赛活动来增长员工的安全知识。8月25日，公司举行了"安全在我心中"的安全演讲比赛。

6. 大力开展健康、安全与环境意识的教育，加大HSE/OSH管理体系在我公司的实施力度

根据近几年积极推行的HSE/OSE体系管理理念，公司积极探索，紧密结合生产实际，以HSE/OSE体系为载体，结合精细化管理，有效地预防了各类事故的发生。首先我们对8个基层单位安全管理网络进行了调整和完善，共配备专、兼职HSE监督员15人，其中专职HSE监督员4人，建立了以HSE/OSH监督管理体系为核心的部门分工协作，监督管理并行，形成上下级负责，全员参与管理的安全环保管理新机制。坚持实行HSE/OSH体系管理，推进实施标准化、程序化、规范化的"两书一表"精品工程，尤其是在今年我公司执行二厂、二处、油建至西安高陵工业园区搬家任务，严格按处部及公司下发的《搬迁作业计划书》和《油建—西安龙凤园搬迁HSE/OSH作业计划书》执行，重点强化队车编号行驶制和领导带队制，随时解决施工过程中出现的安全隐患。员工也自觉遵守制度，在搬迁了766住户，累积行程122.5万公里，累积货用周转量153.2万吨这样大型的作业中，没有发生一起交通事故，实现了搬迁计划书中所制定的"车不掉漆、人不擦皮"的目标，该成绩的取得赢得了用户的好评，上级领导的赞赏，为公司打响了名气。

四、今后安全工作的重点

多年来的安全工作管理经验告诉我们，今后我公司安全工作重点应按照主要在领导、核心在基层、重点在岗位、关键在员工的指导思想，从以下四点抓起，即从人员安全意识和安全技能抓起，从规范施工作业现场抓起、从消灭习惯性违章抓起、从提升管理人员素质抓起，在全公司切实形成人人关注安全、人人渴望安全的良好势态，使我公司安全生产永远运行平稳。

第十四节　招聘启事

（一）招聘启事的概念

招聘启事是用人单位面向社会公开招聘有关人员时使用的一种应用文

书，是企业获得社会人才的一种方式。招聘启事撰写的质量，影响招聘的效果，代表着招聘单位的形象。

（二）招聘启事的写作格式

招聘启事一般包括三项内容

1. 标题

招聘启事可以简单地由事由和文种名称构成，如"招聘启事"等。复杂的招聘启事还应在标题中标明招聘的单位名称，如"××服装厂招聘启事"。

2. 正文

招聘启事的正文一般比较详细，常写出招聘方的具体情况，如招聘方的业务范围等，对招聘对象也有具体要求，如对招募人员年龄、工作经验等的要求，还会写出招募人员受聘后的待遇。

3. 落款

招聘启事的落款，即在正文右下角署上发表启事的单位名称和启事发文时间。如果题目或者是正文中已经提到单位名，落款就不需要再写。

（三）招聘启事的范例

××有限公司责任公司招聘启事

1. 公司自我介绍

××有限公司责任公司成立于××年××月××日，属于民营企业，目前为××行业领军企业，年营业额××元，公司员工……

2. 对受聘人员的具体要求及待遇

年　　龄：

性　　别：

学历要求：

能力要求：

岗位职责：

工作经验：

其他要求：

工作待遇：

3. 要求面试者提供个人简历和相关证件，何时面试以及应聘流程。

4. 面试具体描述：××月××日在××进行面试或者复试！

××有限公司责任公司人事部

联系地址：××××省××市××

联系人：××

电话：××××

公司网址：××××

×年×月×日

第十五节　合同

（一）合同的概念

合同，又称为契约、协议，是平等的当事人之间设立、变更、终止民事权利义务关系的协议。合同作为一种民事法律行为，是当事人协商一致的产物。只有当事人的诉求合法，合同才具有法律效力。依法成立的合同从成立之日起生效，具有法律约束力。

（二）合同的分类

合同有广义、狭义、最狭义之分。

1. 广义合同指所有法律部门中确定权利、义务关系的协议，如民法上的民事合同等。

2. 狭义合同指一切民事合同，包括财产合同和身份合同。

3. 最狭义合同指民事合同中的债权合同，如买卖合同、借贷合同等。

（三）签合同需注意的事项

1. 交易内容、履行方式及期限等基本条款，要在合同上写清楚。

2. 查阅国家对该交易是否有特别规定，双方的权利和义务须合法。

3. 了解业务发生概率和纠纷起因、种类等，避免在订立合同时出现类似问题。

4. 必要的话，可以通过行政机关的公证等，让合同更加完备。

5. 签署合同的时候，字迹要清楚，推荐使用合同专用纸张进行打印。

（四）范例

毕业生就业合同书

甲方：

乙方：

签订时期_____年_____月_____日

××省劳动和社会保障厅：_____

甲方_____法定代表人_____

企业地址：_____

施工地址：_____

工商注册机关：_____

乙方_____居民身份证号：_____

出生日期___年___月___日

家庭住址：_____

邮政编码：_____

户口所在地_____省（市）_____区（县）_____乡镇_____村

根据《中华人民共和国劳动法》和有关规定，甲乙双方经平等协商一致，自愿签订本合同，共同遵守本合同所列条款。

一、劳动合同期限

第一条　劳动合同期限（甲乙双方选择适用）

（　）1.有固定期限劳动合同

本合同于___年___月___日生效，于___年___月___日终止。

其中试用期至___年___月___日止。

（　）2.以完成一定工作为期限的合同。

本合同生效日期为____年____月____日；以乙方完成 工作任务为合同终止时间。

（　）3.无固定期限劳动合同

本合同于____年____月____日生效，于法定或约定的解除（终止）合同的条件出现时止。

其中试用期至____年____月____日止。

二、工作内容和工作时间

第二条　甲方招用乙方在_____（项目名称）工程_____中担任_____岗位（工种）工作。乙方的岗位（工种）上岗证号码为____。

第三条　甲方安排乙方执行下列第____种工作时间制度。

1. 执行定时工作制。（乙方每日工作8小时，每周工作40小时）

2. 执行综合计算工时工作制。（乙方每月工作不超167.4小时）

3. 执行不定时工作制。（在保证完成甲方工作任务情况下，乙方自行安排工作和休息时间）

第四条　实行计时工资制的，甲方安排乙方加班，应符合法律、法规的规定。甲方安排乙方在法定标准工作时间以外延长工作时间的，应支付不低于工资的150%的工资报酬。甲方安排乙方在休息日工作，又不能安排补休的，应支付不低于工资200%的工资报酬。甲方安排乙方在法定节日工作的，应支付不低于工资300%的工资报酬。

三、劳动保护和劳动条件

第五条　甲方应当在乙方进入施工现场当天对乙方进行入场三级安全教育，并组织对乙方学习成果的书面考试，考试结果甲方应保存在施工现场备查，考试不合格的不得在现场施工。

甲方应当对从事电气焊、土建、水电设备安装等特殊工种的乙方进行岗前培训，乙方取得相应的操作证书方可上岗。

第六条　甲方根据生产岗位的需要，按照国家劳动安全、卫生的有关规定为乙方配备必要的安全防护措施，发放必要的劳动保护用品。

甲方为乙方提供的宿舍、食堂、饮用水、洗浴、公厕等基本生活条件应安全、卫生，其中建筑施工现场要符合《建筑施工现场环境与卫生标准》。

第七条　甲方将根据国家有关法律法规，建立安全生产制度；乙方应当严格遵守甲方的劳动安全制度，严禁违章作业，防止劳动过程中的事故，减少职业危害。

四、工资保险待遇

第八条　双方约定的工资不得低于江西省政府颁布的当地最低工资标准和本企业工资集体协商的最低标准。

1. 计时工资　乙方在试用期间的工资为每月（日）元，试用期满后月（日）工资为＿＿元。

2. 按工程量计付工资

（1）按工程量单价计取工资；

（2）按工程量总量总价计取工资。双方约定的工程量单价不得低于江西省建设工程定额人工费标准。实行按工程量计付工资的，每月支付工资额不得低于当月完成工程量的70%。

甲方应在每月＿＿日前以货币形式计发乙方的工资，并由乙方签字确认。

甲方在劳动合同终止、解除后5天内应当一次性付清乙方的工资。

甲乙双方对工资支付的其他约定：

第九条　甲方应为乙方办理养老保险、工伤保险和医疗保险手续，并为乙方缴纳养老保险、工伤保险和医疗保险费用。

五、劳动纪律和劳动合同的解除

第十条　乙方应严格遵守甲方的各项规章制度、劳动纪律和安全技术操作规程。

第十一条　乙方有下列情形之一，甲方可以解除本合同

1. 在试用期间被证明不符合录用条件的；

2. 严重失职，营私舞弊，对甲方利益造成重大损害的；

3. 严重违反总包单位和甲方的施工现场安全管理规定及施工质量管理规定的；

4. 被依法追究刑事责任的。

第十二条 乙方解除本合同，应当提前___日（3天以上30天以内）以书面形式通知甲方，不得擅自离职。

六、当事人约定的其他内容

第十三条 乙方违法解除劳动合同，给甲方造成经济损失的，应当承担赔偿责任。

第十四条 甲乙双方约定的其他内容：

七、劳动争议处理及其他

第十五条 双方因履行本合同发生争议，应当自劳动争议发生之日起，60日内向有管辖权的劳动争议仲裁委员会申请仲裁。对仲裁裁决不服的，可自接到裁决书之日起15日内向当地人民法院起诉。

第十六条 甲方依法制定的规章制度作为本劳动合同的附件，与劳动合同具有同等法律效力。

第十七条 本合同未尽事宜或与国家、江西省规定相悖的，按照有关规定执行。

第十八条 本合同一式二份，甲乙双方各执一份。自双方签字盖章之日起生效。

甲方（公章） 乙方（签字或盖章）

法定代表人或委托代理人

（签字或盖章）

签订日期：_____年___月___日

第二章 企划管理公文

第一节 企业营销计划

范例：

我们公司属于皮毛服饰业，自购原材料（皮毛），外包给工业区内的皮毛服饰加工中心，自销或联系销售商销售成品。公司规模较小，员工人数20名。我们公司位于"裘皮之都"沧州-肃宁工业区。办公场所占地面积约100平方米，主要消费者是20-30岁的普通女性。

一、产品策略

我们的产品主要有围巾系列、衣领系列、马甲系列、大衣系列等毛皮服饰。我们针对年轻女性的审美观、价值观，引进不同风格的服饰，如可爱型、时尚型、成熟型等，满足不同需求的消费者。

（一）品牌策略

采用统一品牌策略（力卓牌）的最明显的优点是，有利于企业树立统一的形象和提高整体识别度，极大限度地加深消费者对这个品牌的印象与记忆。因为如果品牌与企业名称相一致，那么这个品牌或企业名称可以得到最广泛的宣传，能够反复、轮番地冲击消费者的感官。

仅从企业经营的成本方面来看，统一品牌策略有利于企业采用统一化的包装、宣传手段，节约了大量的包装和促销费用，增强了企业的规模效益，节约了企业的经营成本。

（二）包装策略

1. 附赠品包装策略，根据顾客购买商品的价位赠送相应的优惠券。附优惠券包装是一种便宜的分送优惠券的方法，在消费者使用该优惠券采购之前，我们无需投入太多成本。

2. 分等级包装策略，即对同一商品的不同等级产品采用不同的包装。企业把所有产品按品种和等级进行不同等级的包装，例如分为精品包装和普通包装。这种策略能突出商品的特点，将商品的质量和价值协调一致，满足不同购买水平的消费者的需求。

（三）产品组合策略

采用双向延伸的产品组合策略。我们的主打商品是中档商品，适合广大普通消费者。双向延伸一方面增加高档产品，例如珍稀貂皮大衣；另一方面增加低档产品，例如兔毛手套、衣领等饰品，从而扩大市场，但是我们仍然侧重中低档产品。

（四）产品生命周期的营销策略

1. 投入期：在投入期采用快速渗透策略，大幅度降低产品价格以吸引顾客，同时通过电视媒体、报纸、杂志刊登广告，大力宣传我们的产品。在专卖店大搞促销活动，例如买大衣赠手套、举办抽奖活动等。

2. 成长期：在这一阶段，我们把广告宣传的重点转移到建立公司形象上来，向顾客宣传我们的企业文化。建立会员制度，在节假日，会员将会收到我们精心准备的小礼物。这样做，可以维系老顾客，建立良好的口碑。在此基础上，我们可以上调产品价格，激发对价格比较敏感的消费者的购买欲望。

3. 成熟期：增加一个新的细分市场——中年女性市场，这个年龄阶段的女性事业蓬勃发展，拥有一定的经济实力。我们可以对产品进行改良，增加产品的款式、规格，以满足中年女性对时尚的追求。

4. 衰退期：选择集中策略，把企业的资源集中在20-30岁的女性消费市场，主要的销售渠道是专卖店。

二、定价策略

（一）渗透定价法

渗透定价策略是一种低价定价策略。这种价格策略就是先将产品的价格定得尽可能低一些，让消费者迅速接受新产品，在市场取得领先地位。

（二）消费者感受价值定价法

感受价值是买方在观念和心理上认同的价值，并非产品的实际价值。随着企业的不断壮大和发展，企业可以通过一系列的策略和活动来提升品牌的价值，例如通过类似"爱情恒久远，一颗永流传"的广告来提升。

（三）时间差别定价策略

时间差别定价策略，即对不同季节，不同时期甚至不同地点的产品或服务制定不同的价格。裘皮服饰有保暖功能，所以我们在冬季将价格抬高，大衣系列定在500元以上，马甲系列定在300—500元。在夏季采取降价策略，可7—8折出售。

（四）招徕定价策略

利用消费者"求廉"的心理。我们将毛领系列、围巾系列大力宣传，低价出售，把价格定在100元以下，以此吸引顾客，带动高价位的、设计新潮、款式新颖的大衣系列的出售。

（五）季节性折扣策略

淡季时，我们将给予买主一种折扣优待，做到"淡季不淡"，采取半价销售，鼓励购买者提早进货或淡季采购，以减轻企业仓储压力。这种策略主要应用在对商场的供货上。

（六）数量折扣策略

又称批量折，购买量越多，折扣也越大，以鼓励顾客增加购买量。100件以下给予10%的折扣，100—500件给予20%的折扣，500件以上给予30%的折扣。

三、营销渠道

（一）网络营销

网络营销能够帮助企业增加销量、提高市场占有率，我们可以采取以下几种方法。

第一，利用百度推广。这是一种按效果付费的网络推广方式，用少量的投入得到大量的潜在顾客。在百度上做广告，介绍我们的主打产品，采用"选力卓服饰，做知性女人"之类的广告语，24小时向网络上的顾客营销。同时，我们也会建立自己的网站。

第二，联系淘宝网的各家网络服装店，使宅男宅女们不出门就能选到心仪的皮毛服饰。

第三，网吧是城市少男少女以及白领丽人的娱乐场所，我们可以和目标市场的网吧合作，将我们的产品作为开机时的页面，以吸引潜在客户。

除此之外，我们会充分利用一些大的赛事营销产品，例如，在今年世界杯，有一个黄健翔的"黄加李泡"，我们可以充分赞助这些活动来吸引顾客的眼球。

（二）零售商

我们零售的合作伙伴主要是百货大楼、大型商场及超级市场。这些零售商是消费者选择和购买商品的重要场所，其中服装是最重要的品类。据调查，有近40%的消费者会去商场购买服装。

（三）专卖店

随着企业的不断发展壮大，品牌的不断增值，专卖店将成为企业主要的销售渠道。这不仅有利于企业对渠道的控制，更有利于走国际化路线。考虑到成本，我们先在哈尔滨，北京开设两家专卖店，规模不要过大，选择200平方米的商铺为宜。这样做，不仅可以节约成本，还能吸引加盟商。这也给刚出校门的学生以及想创业的"蚁族"提供了机会，同时有利于企业品牌的推广。

四、促销策略

（一）广告

1. 广告语

选力卓服饰，做知性女人

2. 广告内容

设计这样一个场景：在一个小镇上，身着力卓裘皮大衣的模特，面带微笑走出力卓服饰专卖店，然后立即切换镜头，同样的模特带着她的姐妹走在现代都市的街道上，抬头又看到了力卓鲜明的标志，然后，她们相拥着走进这打造美丽女人的天堂。最后加上撰写者的广告语"选力卓服饰，做知性女人"。

3. 广告传播媒体

报纸：刊登文章，介绍力卓服饰的类型、规格、款式、价位等信息。让每一位爱美的女性了解力卓服饰。

杂志：刊登照片，让美丽的模特穿上各式的皮毛服饰，摆出优美的pose，彰显力卓服饰的优雅与华贵。

网络：在百度上作推广，建立自己的网站，详细介绍各类服饰的款式、材质、价位等，让大家了解力卓服饰，再在淘宝网上联系网络服饰店，利用淘宝网的超高人气，带动力卓服饰的宣传。

（二）营业推广（在专卖店里）

1. 巧用欢迎词

欢迎词由以往的"欢迎光临"变为"××节快乐"。同样的"节日快乐"回应导购员，如此一来，彼此的距离一下子拉近了，在顾客心中留下良好的印象。

2. 巧妙的"红包"

在假日巧妙让利，以此来吸引顾客。节日期间，我们送给每位顾客一个红包，如价值19元的优惠券，虽然优惠很小，但对中国人而言，送红包就是赋予他人福气和财气。最巧妙之处是在数字上做文章，"19"含"要长长久久"之意，预示来年一切顺利。

3. 别致的礼品。

搞促销、送礼品是普遍做法,但在合适的时候送出合适的东西很重要。比如在情人节,我们可以安排专卖店做促销:当天的女顾客买衣服,我们会送出钱包或皮带,在传统的观念里,这些东西有"绑住心爱的男人"之意。

(三)产品生命周期阶段。

考虑到裘皮服饰已属于成熟期的产品,我们可以加大广告和提供优质服务以满足顾客的个性化需要,在企业成长的后期,我们将充分利用网络的互动性,让顾客自己设计产品,以满足其个性化的需要。

我们也会紧追时尚的潮流,在必要的时候,和大型的设计公司合作,生产出前卫的产品。总的来说,裘皮服装以及饰品不仅要满足消费者对保暖的要求,更要满足其对"美"的需求。此外,在前沿产品的推广上,我们要与相关的企业举办一些大型的推广活动,如时装秀,充分吸引消费者的眼球,刺激消费需求。

五、未来规划

随着企业规模的不断发展壮大,公司会逐渐向股份制企业转变,同时实现产品的高市场占有率。除此之外,我们要更加注重对专卖店的经营,以达到对销售渠道的掌控,不断实现国际化推广,以实现产品的增值。最后,实现产业升级,制定行业标准。

第二节　公司销售管理制度

范例:

销售管理制度

第一章　总则

第一条　以质量求生存,以品种求发展,重视社会经济效益,生产物美价廉的产品投放市场,满足社会需求是我司产品的销售方针。

第二条　掌握市场信息，开发新产品，开拓市场，提高产品的市场竞争能力，沟通企业与社会，企业与用户的关系，提高经济效益，是我司产品销售管理的目标。

第二章　市场预测

第三条　市场预测是经营决策的前提，我们要对同类产品的生命周期和市场覆盖状况进行全面的分析，并掌握下列各点：

1. 了解同类产品国内外全年销售总量和同行业全年的生产总量，分析饱和程度。

2. 了解同行业各类产品在全国各地区的市场占有率，分析开发新产品，开拓市场的新途径。

3. 了解用户对产品质量的反映及技术要求，分析提高产品质量，增加品种，满足用户要求的可行性。

4. 了解同行业产品更新及技术质量改进的进展情况，分析产品发展的新动向，做到知己知彼，掌握信息。

第四条　预测国内各地区及外贸各占的销售比率，确定年销售量的总体计划。

第五条　搜集国外同行业同类产品更新及技术发展情报，外贸供求趋势，国外用户对产品的反映及信赖程度，确定对外市场开拓方针。

第三章　经营决策

第六条　根据公司中长期规划和生产能力状况，通过预测市场需求，全面综合分析公司管理制度，由市场销售部提出初步的年产品销售方案，报请公司总经理审查决策。

第七条　经过公司会议讨论，总经理审定，确定年度经营目标并作为编制年度生产计划的依据。

第四章　产销平衡及签订合同

第八条　执行价格政策，如需变更定价，报批手续由财务科负责，决定浮动价格，由经营总经理批准。

第九条　销售科根据年度生产计划编制年度销售计划，根据市场供求形势编报季度和月度销售计划，于月前十天报计划科以便综合平衡产销衔接。

第十条　参加各类订货会议，要本着先国家计划，后市场调节，先主机配套后维修用户，先外贸后内销的原则，照顾老用户的同时要结交新用户，全面布点，扩大销售网，开拓新市场，巩固发展用户关系。

第十一条　建立和逐步完善销售档案，管理好用户合同。

第五章　编制产品发运计划，组织回笼资金

第十二条　必须严格按照合同供货期编制产品发运计划，做好预报铁路发运计划的工作。

第十三条　掌握先出口后内销，先主机配套后维修，先远后近的原则，处理好主次关系。

第十四条　产品销售时应由销售科开具"产品发货通知单"、发票和托收单，由财务科收款或向银行办理托收手续。

第十五条　分管成品资金，努力降低产品库存，由财务科编制销售收入计划，综合产、销、财的有效平衡并积极协助财务科及时回笼资金。

第十六条　确立为用户服务的理念，款到发货应及时办理。用户函电询问后，在三天内回复，如有质量问题需派人处理。

第六章　建立产品销售信息反馈制度

第十七条　市场销售部每年需要一次全面的用户访问，并每年发函到全国各用户，征求意见，将收集的意见汇总、整理，向公司领导及有关部门反映，由有关部门提出整改措施，并列入全面质量管理工作。

第十八条　登记将用户对产品质量，技术要求等方面的来搜并及时反馈给有关部门。

第十九条　负责产品销售方面各种数据的收集整理，建立用户档案，搜集同行业情报，提供销售方面的分析资料，按上级规定，及时、准确、完整地上报销售报表。

第三节 公司销售组织管理制度

范例：

一、总则

为加强员工管理，规范员工行为，提高员工素质，特制定本制度。

本制度是销售部员工必须遵守的原则，是规范员工言行的依据，是评价员工言行的标准。全体销售人员应从本岗位做起，自觉遵守各项制度。

员工如对本制度有任何疑问或异议，可向销售部负责人咨询，本制度最终解释权归固瑞格公司销售部。

本制度自制定之日起开始执行。

二、销售部组织架构

销售总监

大区经理	大区经理	大区经理	大区经理	大区经理
区域经理	区域经理	区域经理	区域经理	区域经理
销售主管	销售主管	销售主管	销售主管	销售主管

三、销售部人员素质要求

1. 品德好。

2. 很强的语言驾驭能力。

3. 有很强的人格魅力。

4. 有很强的组织计划能力协调能力。

四、销售部岗位职能

销售总监岗位职责一：1.……2.……11.……

销售总监岗位职能二：1.制订销售策略：根据公司市场战略与市场销售目标，结合所掌握的市场信息进行市场预测，制订市场拓展目标、销售策略与规划，并组织实施，管理并指导销售代表，完成销售、回款与市场目标。2.……

大区经理岗位职责：1.分析市场状况，正确作出市场销售预测； 2.……

领导责任：1.对所属区域销售工作目标的完成负责； 2.……

主要权限：1.有对销售部所属员工及各项业务工作的管理权； 2.……

区域经理：1.负责产品的市场渠道开拓与销售工作，执行并完成公司产品年度销售计划。2.……

五、服装规范

着装规定：

1. ……

仪容要求：

1. 工作期间，员工应注意自己的仪容。女性要求淡妆，并梳齐头发，男性头发不能盖耳，至少每月理发一次，勤洗头、头发应梳理整齐，不凌乱，不留胡须。

2. ……

六、考勤制度

1. 每天上下班均由销售人员自己打卡签到。

2. ……

附注：可根据销售状况、季节等进行调整。

七、销售报表规定

1. ……

2. ……

3. ……

附：《销售工作周报表》《销售工作月报表》

八、薪金分配制度

1. 新招人员实行先培训后上岗，培训时间一并纳入试用期，试用期为1—3个月。试用期内业务人员基本工资根据部门的薪资标准而定；试用期结束执行转正工资标准。

2. ……

九、合同管理制度

1. 经办的销售人员填写时，字迹要工整、清楚，使用黑色钢笔或签字笔。

2. 合同内容填写。

合同包括：主合同、附加补充协议等。

第四节　企业销售人员考核办法

范例：

（一）考核指标：

1. 公司对销售人员的考核指标有：销售计划（数量）完成率、销售额增长率、销售价格保持率、销售费用、欠款回收率、访问成功率、顾客意见发生率、新顾客开发率、老顾客保持率。

2. 销售计划部根据生产、市场等因素负责制定每月销售人员的销售计划任务、网络开发建设任务等相关任务指标。

（二）考核频次：

1. 月度考核，每月评分一次。

2. 年度考核，公司于次年元月核算每一位销售员年度考核得分，销售员年度考核得分=（销售人员该年度12个月度考核分之和）÷12。

3. 每月8日前，销售公司将销售岗位人员（含区域经理）的考核表报送人力资源部。

（三）考核细则：

月度考核得分=（日常工作考核得分×权重70%）+（出勤×权重30%）

出勤（百分制）：权重30%

当月满勤100分，缺勤1天扣4分。（半天按1天计）

（四）区域经理的日常工作考核（100分）：权重70%

1. 月报（60分）：月报的主要内容包括月工作总结、月工作计划和针对当地的市场情况提出合理化方案。

（……）

注：如连续不上交材料者，视情节轻重给予加倍扣分。

（五）销售员日常工作考核（百分制）：权重70%

1. 经销商的管理方面（30分），出现下列情况，每项扣5分。

……

2. 销售员管理方面（70分）。

（1）周报（40分）：认真填写《周工作汇报表》，有未按时交付、字迹潦草、难以辨认等情况，此项不得分；

……

（2）市场信息反馈（5分）：必须如实填写，如发现与所填内容不符该项不得分；

（3）产品质量问题反馈（5分）：……

（4）广告计划表（5分）：……

（5）促销活动计划报告（5分）：……

（6）促销效果评价（5分）：……

（7）周转车辆管理（5分）：……

注：如连续不上交材料者，视情节轻重加倍扣分。

（六）现场服务代表日常考核（百分制）：权重70%

1. 现场区域服务代表工作素质（10分）：……

2. 驻区现场区域服务代表去向（10分）：……

3. 用户投诉（10分）：……

4. 特约服务中心工作质量（20分）：……

5. 各地经销商意见（10分）：……

6. 走访报告，月工作计划、总结（10分）：……

7. 内部培训（10分）：……

8. 服务活动（10分）：……

9. 信息反馈（10分）：……

10. 特殊考核项目（10分）：……

（七）考核权限

1. 采取逐级考核的原则。

2. 销售员的考核由区域经理评分，由销售计划部负责考核汇总，销售副总经理初审，公司人力资源部复审。

3. 区域经理的考核由公司销售计划部负责人评分，销售副总经理初审，公司人力资源部复审。

4. 销售公司部长以上人员的考核由销售公司董事长（或授权人）考核。

（八）薪酬发放

1. 销售员的考核得分将作为"每月薪资""年终奖金""调职"的依据。

2. 月度薪酬＝基础工资＋计划完成率考核工资＋日常工作考核工资＋超计划奖金

其中：基础工资＝工资总额×50%；

计划完成率考核工资＝工资总额×35%×计划完成率；

日常工作考核工资＝工资总额×15%×日常考核得分率。

销售人员工资考核方案详见《销售公司绩效考核方案》。

注：销售人员其他福利待遇按公司相关规定执行。

第五节 企业销售人员奖惩办法

范例：

公司销售工作奖惩制度

为了实行公司的总体销售目标，激励员工全身心地投入销售工作，规范公司各项制度：

公司执行以下制度。

一、奖励制度

（一）一般奖励

1. 销售总额达到10万以上者，奖励出国旅游一次。

2. 销售总额达到20万以上者，奖励销售额的2%。

3. 销售总额达到50万以上者，奖励销售额的5%。

（二）特别奖励

1. 一等奖设1名，名列公司全年个人或部门销售总额排名为第一名者：

且销售总额达到100万以上，奖励现金10万元或价值相当于10万元的物品。

或且销售总额达到50万以上，奖励现金5万元或价值相当于5万元的物品。

或且销售总额达到20万以上，奖励现金2万元或价值相当于2万元的物品。

2. 二等奖设2名，名列公司全年个人或部门销售总额排名为第二名、第三名者：

且销售总额达到100万以上，奖励现金5万元或价值相当于5万元的物品。

或且销售总额达到50万以上，奖励现金2万元或价值相当于2万元的物品。

或且销售总额达到20万以上，奖励现金1万元或价值相当于1万元的物品。

3. 三等奖设3名，名列公司全年个人或部门销售总额排名为第四、第五名者：

且年销售总额达到10万以上，奖励出国旅游一次。

二、处罚制度

1. 个人完不成基本任务5万元的，予以辞退，补发生活费350元。

2. 部门完不成基本任务5万元，部门内取缔一位职员的浮动工资。

3. 个人或部门完不成基本任务5万元的，取消年终奖金。

4. 半年考核一次，个人或部门完不成基本任务2.5万元的，7月份起发生活费350元，部门取消一个人的浮动工资，到12月底完成基本任务5万元后，年底再补发半年扣发的部分工资。

三、考核方式

1. 以销售公司每位销售员、公司有任务的部门和各代销点、经销点、办事处、团购单位、金卡持有者为个体考核业绩。

2. 由销售公司在每月30日公布一次当月销售业绩和累计销售业绩。

3. 以实际回收货款为依据进行统计考核。

第六节　市场营销计划纲要

范例：

一、计划概要

1. 年度销售目标600万元。

2. 经销商网点50个。

3. 公司在自控产品市场有一定知名度。

二、营销状况

空调自控产品属于中央空调等行业配套产品，受上游产品消费市场牵制，但需求总量还是比较可观。湖南地处中国的中部，空调自控产品需求量比较大：1.夏秋炎热，春冬寒冷；2.近两年湖南房地产业发展迅速，特别是中高档商居楼、别墅群的兴建；3.湖南纳入西部开发、将增加各种基础工程的建设；4.长株潭的融城；5.郴州、岳阳、常德等大量兴建工业园和开发区；6.人们对自身生活要求的提高。综上所述，空调自控产品特别是高档空调自控产品在湖南的发展潜力很大。

三、营销目标

1. 空调自控产品应以长远发展为目标，力求扎根湖南。2009年以建立完善的销售网络和样板工程为主，销售目标为600万元。

2. 跻身一流的空调自控产品供应商；成为快速成长的知名品牌。

四、营销策略

空调自控产品要取得竞争优势，最佳的选择是采取"目标集中"的总体竞争战略。随着湖南经济的快速发展、城市化规模的不断扩大，空调自控产品市场的消费潜力越来越大，目标集中战略对我们来说是明智的竞争策略选择。围绕"目标集中"总体竞争战略，我们可以采取的具体战术策略包括：市场集中策略、产品带集中策略、经销商集中策略以及以其他为目标的集中而配套的策略四个方面。为此，我们需要将湖南市场划分为以下四种：

战略核心型市场——长沙，株洲，湘潭，岳阳

重点发展型市场——郴州，常德，张家界，怀化

培育型市场——娄底，衡阳，邵阳

等待开发型市场——吉首，永州，益阳，

总的营销策略：全员营销与直销和渠道营销相给合的营销策略

1. 目标市场：……
2. 产品策略：……
3. 价格策略：……
4. 渠道策略：……
5. 人员策略：……

五、营销方案

1. 公司应好好利用上海品牌，走品牌发展战略。
2. 整合湖南本地各种资源，建立完善的销售网络。
3. 培养一批好客户，建立良好的社会关系网。

……

第七节　市场营销调查计划

范例：

一、调研背景

走出国门，做世界的美的，美的集团从未停下前进的步伐。

2010年10月11日，美的宣布收购了埃及Miraco公司股权项目，使得美的

的海外生产基地延伸至越南、埃及、白俄罗斯等地，同时还规划在印度、巴西等国设立生产基地。

2011年8月份，美的与开利签订股权收购协议，双方联合经营和拓展拉丁美洲地区空调业务。此举被认为是美的提高海外盈利贡献能力和抢占市场份额的重要一步。

截至目前，美的集团旗下拥有4家上市公司、四大产业集团、14个国内生产基地，全球员工20万人；现拥有中国最大最完整的空调产业链、冰箱产业链、洗衣机产业链、微波炉产业链和洗碗机产业链。拥有中国最大最完整的小家电产品群和厨房家电产品群。在全球设有60多个海外分支机构，产品远销200多个国家和地区。同时，已完成全球产业布局，并与美国开利、伊莱克斯、GE等国际知名家电企业达成合作。作为中国家电行业的领导品牌，美的正在以其独特与务实的方式，逐步落实国际化和全球化战略。

为了了解香港居民对变频空调的需要和选择，我们做了这次市场调研。

二、调查目的

本次市场调查在特定的变频空调卖场中对目标顾客进行调查访问和观察以达到以下目标：

1. 了解顾客更能接受哪种价位的变频空调。
2. 了解顾客在购买变频空调时是否看重品牌以及这些品牌名称。
3. 了解顾客看重变频空调的哪些功能等。

三、调查内容

（一）消费者

1. 消费者对变频空调的消费形态。（消费观念、消费习惯）
2. 消费者对变频空调品牌的看法。（是否看重品牌、哪些品牌）
3. 消费者对变频空调功能的要求。

（二）市场

1. 香港行业市场状况。
2. 香港消费者的购买力。

（三）企业自身

1. 美的变频空调的产品特征。

2. 美的变频空调进行的促销活动。

3. 美的变频空调售后服务状况。

四、调研方法

调研对象：网络上潜在的消费者。

以问卷调查为主：在网上对消费者发布问卷。

原因：1.调查时间和调查人员有限，而在网上发布问卷不需要太多人员。

2. 问卷调查形势比较简单，方便我们进行调查。

3. 问卷调查结果容易统计，数据真实可靠。

4. 问卷调查成本低。

以网络搜索为辅：通过互联网搜索变频空调的相关资料。

调查决定采用配额抽样方法来设计样本，调查对象及抽样如下：

消费者100位，其中：收入高35% 中50% 低15%

五、调研实施、流程与日程安排

第一阶段：初步市场调查	1天
第二阶段：制定计划	1天
审定计划	半天
修正确定计划	半天
第三阶段：问卷设计	半天
问卷修改确认	半天
第四阶段：实施计划	两天
第五阶段：研究分析	两天

此调查自计划问卷确认后的第二天开始执行。

第八节　市场调查实施要领

（一）竞争对手调查实施要领

1. 从经营者的动向来获取情报

（1）仔细分析将会有深入的发现，至于能否发现问题则要看营业员的水平。

（2）对经营者的评价往往是信用调查中最困难的一个环节。

（3）对经营者进行评价时，应和本人保持密切的联系，并依此做出判断，如果做不到这样，应依据几个已知要素来做推测。

（4）如果将经营者评价做区分的话，可将其大致分为经验、能力、性格三点。如果能做不偏向任何一方，而取其平均的话，就可称其为优秀的经营者。

（5）"经验"并不只意味着经历，经营者在事业上有没有失败过，在经历上有没有不平凡的风格和实绩，这些都是非常重要的评估资料。

（6）"能力"包含许许多多的要素，如行销能力、计数能力、劳务能力、管理能力、金融能力等，这些能力的强弱可从日常的营业活动中观察得知。

（7）从营业员的言语、行为、动作中就可以判断经营者是否是一个不平凡的人物。

2. 从营业状态中获取情报

（1）营业状态是猎取经营实态把握的第一步，这是很容易从外观上获取的，对营业员的判断是最重要的。

（2）判断营业状态的标准，大致有以下几点：

① 营业情况；

② 与交易往来户的关系；

③ 决裁条件、支付情况；

④ 与交易往来银行的关系和评价；

⑤ 业绩现况等。

（3）"营业情况"要绝对禁止只从外观上来做判断。要广泛地同同行业、交易往来户和交易往来银行的评价来做最终判断。

（4）从和交易往来户关系的好坏就可以看出某公司的信用是否有问题。

（5）从"决裁条件、支付情况"即可知其经营状况，应注意其中的原因及其经过。

（6）要了解其与交易往来银行的关系，虽然这件事调查起来相当困难，但如果能调查清楚，就可以弄清楚许多事实真相。

3. 从会计方面来获取情报

……

4. 分析资产状态，获得情报

……

（二）面谈调查实施要领

1. 面谈调查概要

……

2. 面谈调查的实施

由于个别面谈调查受调查员和被调查对象观念的影响，因此，有必要在调查开始之前统一调查方式、调查问题。

……

3. 记录的方法

……

4. 调查员资格

（1）调查员必须服从调查监督员的指示与命令，忠诚地实施调查事项。

……

第九节　商业战略规划

范例：

××省商业发展战略规划

1. 战略目标

我国经济建设总的奋斗目标是……它既提出了生产的战略目标，也提出了商业发展的战略目标。商业是联结生产和消费的纽带，是实现总目标的重要环节。

根据我国和省经济建设总的奋斗目标，我们初步设想商业发展的战略目标应该是……

这一目标具有量和质两个方面的规定性。因此，需要对社会商品零售总额指标的计算依据和小康生活水平的基本概念做如下说明……

2. 战略措施

为了实现上述战略目标和战略重点，我们必须采取一些重要的战略措施。

（1）改革商业体制

（2）建立结构合理的商业体系

（3）调整有关政策

（4）加强商流、物流、信息流的基础建设

（5）加快商业现代化步伐

（6）加速培养商业人才

3. 战略步骤（略）

第十节　长期计划制定规程

第一章　一般准则

1. 长期计划为事业发展的远期目标，目的是配合政府经济建设计划，引导事业实现既定的长期经营目标，成为中期及年度计划的准绳。

2. 长期计划应依据经营目标制定。

3. 长期计划的拟定应符合长期发展方向、目标与展望。其编制尽量以数值表示，内容力求简要。

4. 长期计划的编制，由事业主持人依据国家经济建设计划，参照未来市场发展、技术创新及有关经营原则进行。

5. 企划部门应根据长期计划目标，参照产品市场预测情形、过去经营得失、同业经营情况，研究本企业发展趋势，会同有关部门，拟定事业长期经营方针。

6. 长期计划的编制以×年为期，每年修订一次，年度起讫原则上应与国家计划年相吻合。凡计划中有关能源发展如电力、石油等，期限定为×年，其他事业，期限定为×年。

第二章　计划的制定

1. 长期计划由事业主持人根据国家经济建设计划、市场发展、技术创新及经济环境的变动来制定。

2. 依据长期计划目标，事业内部有关部门分别研究该部门完成其个别目标的发展方案。

（1）预测部分

……

（2）指标部分

……

第三章　审查要则

1. 长期计划由各事业董事会初审，经济部经营事业委员会复审。

2. 长期计划审查，必要时得邀请有关单位、专家审查。

3. 长期计划审查应注意以下事项：

（1）符合国家经济政策长期目标；

（2）符合政府经济建设政策；

（3）符合有关事业业务要求。

4. 经营事业委员会依据长期计划的初审意见，提请经营事业委员会会议审核后，呈报核定。

第十一节　项目合作方案书

范例：

企业融资项目合作意向书范本

甲方：_____（以下简称甲方）公司地址：_____

联系电话：_____ 传真：_____ 邮编：_____

乙方：_____（以下简称乙方）公司地址：_____

联系电话：_____ 传真：_____ 邮编：_____

甲、乙双方经友好、坦诚协商，就甲方的建设项目投中小企业融资合作事宜，达成如下共识：

一、公司名称：_____（暂定）

二、公司注册地址：_____

三、项目总投资_____万美元，注册资本_____万美元

甲方投资_____万美元，乙方投资_____万美元

四、甲方建设项目需提供的投中小企业融资总额约为_____万美元。

五、甲、乙双方拟共同成立合作公司，乙方拟以现汇作为合作条件；甲方拟以项目的土地，固定资产和未来收益作为合作条件。乙方所提供的建设资金分批进入中外合作公司的外汇账户后，使用期为15年，前3年为建设期，建设期内免本息。从第4年底开始，甲方每年按12%的保底利润支付乙方红利，连续12年，到期不再还本息。

六、使乙方所提供的资金安全进入和汇出，双方就成立"中外合作公司"，设立"外汇账户"。

七、乙方负责提供申办合作公司所需的有关证明材料，甲方负责在当地办理申报，立项，注册等一切相关手续。双方保证提供给对方的材料是完整的，真实的，有效的。

八、甲方企事业用于抵押的企业资产及建设项目，需根据中华人民共和国担保之规定，担保项目，作为向乙方的引资条件，由于不确定因素造成不能按时将利润支付给乙方的，乙方有权接管合作项目的经营权，直至收回投资后，将项目的经营权归还甲方。

九、甲方建设项目的未来收益，需按中华人民共和国合资合作法的规定由双方认可的评估或由专业机构进行分析评定和投资风险估算，并作为乙方风险投资的依据。

十、中外合作公司成立后，乙方不参与今后合作公司的一切经营活动，也不承担合作公司的所有法律与经济责任，只负责提供资金的监督使用和调配。合作期满后，乙方无条件退出，合作公司归甲方所有。

十一、甲、乙双方在引资合作过程中所产生的有关前期动作费用，境内部分由甲方垫付，境外部分由乙方承担。

十二、此合作意向书所涉及的甲方与第三方的经济关系及连带责任关系，均与乙方无关。

十三、乙方资金到位同时，按实际到位资金的_____%，甲方支付第三方一次性中小企业融资咨询服务费用。

十四、本合作意向书，由双方代表签字后确认。

十五、本合作意向书一式二份，双方各执一份。未尽事宜，双方另行协商。

甲方：_____　　乙方：_____

第十二节 公司营销计划管理制度

（一）目的

理顺销售计划体系，畅通信息传递渠道，快速灵活适应市场变化，提高销售计划管理水平，确保销售计划对生产经营活动的指导作用。

（二）原则

1、集中决策、分层管理、有效控制、严格考核。

2、提高销售计划准确性。

（三）术语

1. 月度的经济运行涉及公司主要经济指标的月销量、产量、货款回收、销售收入、利润等项目的计划。

2. 销售计划：由销售科根据市场情况提报的当月预计能够销售的产品品种、数量计划。

3. 需求计划：由销售科根据市场需求和现有库存情况提报的当月产品需求的品种、数量计划。

4. 财务指标：指当月所发生的销售收入、货款回收、期间费用等。

5. 利润指标：主要是指在每一个考核周期内，根据实现的销售收入扣减产品或劳务的实际成本及车间费用，其计算公式：利润=销售收入－实际成本－车间费用。

（四）适用范围

本制度适用于公司月度销售计划、生产计划、财务预算等相关计划的制订及调整流程。

（五）内容及要求

1. 销售计划管理流程（流程图见附录一）

（1）每月计划平衡会召开前一天，销售科负责将下月销售计划报给生产科，由生产科汇总后报给总经理。

（2）在计划平衡会上预定下月销售计划，销售计划预定后后续工作按下列程序执行：

① 计划平衡会召开后1天内，销售科负责将确定的销售计划进行分解，形成品种、数量需求计划报给生产科；

② 生产科在接到确定的销售计划后，务必于当月30日前，编制生产计划并依此进行生产准备工作；

③ 财务科依据所接收到的销售计划（含品种、数量）和生产计划测算下月度财务指标和利润指标，并在当月30日前，将这两类指标报给总经理。

（3）生产科负责将销售计划、生产计划下达相关部门，并严格考核。

2. 销售计划调整管理流程（流程图见附录二）

销售计划的调整是根据三种情况确定的，即生产计划会、领导决策、市场突变。

（1）周生产计划会

① 每周生产计划会召开前一天，销售科负责将本月销售计划调整建议报生产科，由生产科汇总后报总经理。

② 在周生产计划会上确定本月销售计划是否调整如果确定调整生产计划，需要完成以下两个流程。

a. 生产科在周生产计划会结束后，编制生产调整计划并转发相关部门。

b. 财务科依据所接收到的销售调整计划（含品种、数量）和生产调整计划来调整测算当月度财务指标和利润指标，并将这两类指标报总经理。

（2）领导决策　领导决策就是公司经营管理层根据市场及资源情况提出生产计划调整方案。

（3）市场突变　市场突变是市场实际运行情况与预测情况有较大差距，销售科在做出深入分析后提出销售计划调整建议后报公司总经理批准，其调整同样按生产计划会的计划要求执行。

（六）考核细则

1. 各部门严格按管理流程操作，若出现违规现象，公司将视情况对责任部门负责人处以100元以上罚款。

2. 在周生产计划会上，销售科所提出的当月销售计划调整建议，原则上在±20%范围内调整，如果超出±20%，每超出1%，扣发销售科当月工资总额的1%。

附加说明：

本标准编制人：

本标准审核人：

本标准批准人：

本标准2009年2月首次发布

第十三节 市场营销计划书

（一）市场状况分析

要了解整个市场规模的大小以及敌我对比的情况，市场状况分析必须包含下列13项内容：

（1）整个产品在当前市场的规模。

（2）竞争品牌的销售量与销售额的比较分析。

（3）竞争品牌市场占有率的比较分析。

（4）消费者群体的年龄、性别、职业、学历、收入、家庭结构之市场目标分析。

（5）各竞争品牌产品优缺点的比较分析。

（6）各竞争品牌市场区域与产品定位的比较分析。

（7）各竞争品牌广告费用与广告表现的比较分析。

（8）各竞争品牌促销活动的比较分析。

（9）各竞争品牌公关活动的比较分析。

（10）竞争品牌定价策略的比较分析。

（11）竞争品牌销售渠道的比较分析。

（12）公司近年产品的财务损益分析。

（13）公司产品的优劣与竞争品牌之间的优劣对比分析。

（二）策划书正文

一般的营销策划书正文由七大项构成，现简单扼要地说明如下：

（1）公司产品投入市场的政策

策划者在拟定策划案之前，必须与公司的最高领导层就公司未来的经营方针与策略，做深入细致的沟通，以确定公司的主要方针政策。双方要研讨以下细节：

1. 确定目标市场与产品定位。

2. 销售目标是扩大市场占有率还是追求利润。

3. 制定价格政策。

4. 确定销售方式。

5. 广告表现与广告预算。

6. 促销活动的重点与原则。

7. 公关活动的重点与原则。

（2）企业的产品销售目标

所谓销售目标，就是指公司的各种产品在一定期间内（通常为一年）必须实现的营业目标。

销售目标量化有下列优点：

为检验整个营销策划案的成败提供依据。

为评估工作绩效目标提供依据。

为拟定下一次销售目标提供基础。

（3）产品的推广计划

策划者拟定推广计划的目的，就是协助实现销售目标。推广计划包括目标、策略、细部计划等三大部分。

① 目标

策划书必须明确表明，为了实现整个营销策划案的销售目标，所希望达到的推广活动的目标。

② 策略

确定推广计划的目标之后，接下来要拟定实现该目标的策略。推广计划的策略包括广告宣传策略、分销渠道运用策略、促销价格活动策略、公关活动策略等四大项。

广告宣传策略：针对产品定位与目标消费群，确定方针表现的主题。利用报纸、杂志、电视、广播、传单、户外广告等，要选择何种媒体？各占多少比率？广告的视听率与接触率有多少？目的是使产品的特色与卖点深入人心。

分销渠道策略：当前分销渠道的种类很多，企业要根据需要选择适合自己的渠道，这些渠道可分为经销商和终端两大块，另有中间代理商等形式。在选择时，要遵循"有的放矢"的原则，意在充分利用公司的有限的资源和力量。

促销价格策略：促销的对象，促销活动的方式以及采取各种促销活动希望达到的效果。

公关活动策略：公关的对象，公关活动的方式以及举办各种公关活动希望达到的目的。

③ 细部计划

详细说明实施每一种策略需要完成的细节。

广告表现计划：报纸与杂志广告稿的设计（标题、文字、图案），电视广告的创意脚本、广播稿等。

媒体运用计划：确定选择大众化还是专业化的报纸与杂志，确定刊登日期与版面大小等，确定电视与广播广告选择的节目时段与次数。另外，也要考虑CRP（总视听率）与CPM（广告信息传达到每千人平均之成本）。

促销活动计划：包括商品购买陈列、展览、示范、抽奖、赠送样品、品尝会、折扣等。

公关活动计划：包括股东会、发布公司消息稿、公司内部刊物、员工联谊会、爱心活动、同传播媒体的联系等。

（4）市场调查计划

市场调查在营销策划案中非常重要。从市场调查中获得的市场资料与情报是拟定营销策划案的重要依据。此外，前述第一部分市场状况分析中的12项资料，大都可通过市场调查获得，可见市场调查的重要性。

然而，市场调查常被高层领导人与策划人员所忽视。许多企业每年投入大笔广告费，而不注意市场调查，这种情况必须尽快改变。

市场调查与推广计划一样，也包含目标，策略和细部计划三大项。

（5）销售管理计划

假如把营销策划案看成是一种陆海空联合作战的话，销售目标便是登陆的目的地。市场调查计划负责提供情报，推广计划属于掩护的海空军，而销售管理计划就是行动的陆军，在情报的有效支援与强大海空军的掩护下，陆军必须攻城略地，才能取得决定性的胜利。因此，销售管理计划的重要性不言而喻。销售管理计划包括销售主管和职员、销售计划、推销员的挑选与训练、激励推销员、推销员的薪酬制度（工资与奖金）等。

（6）财务损益预估

任何营销策划案希望实现的销售目标，实际上就是实现利润，而损益预估就是在事前预估该产品的税前利润。只要把该产品的预期销售总额减去销售成本、营销费用（经销费用加管理费用）、推广费用后，即可获得该产品的税前利润。

（7）方案的可行性与操作性分析

这是对该方案政策的进一步分析过程，从某种意义上来说，它是计划执行的"前哨站"，也决定了方案最后能否通过。

第十四节　进货渠道分析

范例：

××百货公司进购酒渠道的简要分析

酒一直是非常普及的日常生活消费品，需求量大，只要适销对路，就可获得较好的经济效益。我部在2001年初进购的酒到年底已全部售完。现简要分析一下2002年上半年进购酒的情况。

根据公司零售酒以及市场供需的实情，必须本着以销定进和勤进快销的原则，采取选购的进货方式，不断扩大花色品种，适应消费者需求。我公司在人、财、物三方面都比较有优势；货源关系广而稳定；本部从未销售过假冒伪劣产品，取得了消费者的信任。酿酒业已成为全国农业的支柱之一，酒类产品历来是国际性大宗商品，政策、法令不会对酒销售市场造成影响。

酒品经营部
2002年11月26日

第十五节　新产品开发计划书

（一）新产品开发计划书的概念

计划书内容主要包括对开发课题的描述、开发的目的、开发的期限、开发组织体制、预期成果、质量标准与要求、经费预算、开发后期的试生产和试销售等内容。一项完整的新产品开发计划一般需要五个步骤才能完成，即确定目标、确定计划前提（环境与资源）、提出可行性方案、评估与确定方案和拟定细节方案。

（二）新产品开发计划书具体内容

新产品开发计划书主要包括以下内容：1. 课题名称。2. 开发期限。3. 开发经费。4. 开发组织体制（负责人及各成员的所属部门、职务及人员分工）。5. 开发经费的用途、明细分类：①设备装置费用；②易耗品等明细分类。6. 开发目的（用户的需求、产品开发的目标、开发目的等）。7. 新产品的概况：①产品的特征、构造以及各种规格；②新产品的技术质量（质量目标）。8. 研究计划与方法（研究计划、方法及预期成果）。9. 新产品开发的基本计划：①开发的目标（新产品开发的目标与用户需求倾向的一致性）；②技术质量（新产品的技术质量与用户需求的一致性）；③独创性（与现有竞争商品相比，新产品的特点、吸引力或新颖性、先进性）。10. 未来市场：①市场规模（5年后新产品的市场规模比现在将扩大百分之几）；②市场占有率（预计新产品的市场占有率能比现在扩大百分之几）；③新产品的生命周期（预计新产品的有效寿命有多长）。11. 开发体制上的问题（现有的开发体制是否存在问题）：①开发技术、人员（现有开发技术能力、经验和人才条件及加强的必要程度）；②开发设备、机器（现有开发所必需的设备、机器的条件及加强的必要程度）。12. 生产体制上的问题（现有的生产体制是否存在问题）：①生产技术、人员（现有的生产技术能力和人才条件及加强的必要程度）；②生产设备（现有生产设备的条件及加强的必要程度）。13. 销售体制上的问题（新产品销售体制是否存在问题）：①销售网（现有销售网是否充足及加强的必要程度）；②销售能力（现有销售人员及销售能力足够与否及加强的必要程度）。14. 预期效益性（新产品销售的预期利润计划及预期完成度）

第十六节　企业形象设计方案

上海大众汽车有限公司形象设计方案

在中国，提起上海大众汽车有限公司，可以说是无人不知。它在中国市场之所以有这么强有力的影响，固然与其优良的产品、完善的售后服务有关，但更离不开上海大众对其形象的准确定位。这种形象定位主要包括产品形象、经营形象、管理形象、外观形象、发展形象、人员形象、精神形象等方面的定位，具体如下：

1. 产品形象

（1）产品内在质量形象

① 质量形象

作为从德国全面引进的桑塔纳轿车，经过上海大众全体员工近十年的努力，桑塔纳轿车已成为国产轿车卓越质量的象征。

② 技术形象

上海大众最新推出的桑塔纳2000，是上海大众与拉美汽车公司及德国大众联合开发的一种面向21世纪的新车型，它开创了国内汽车企业与国外汽车集团联合开发新车型的先例，证明了上海大众的技术实力已能与国际汽车行业先进技术接轨。

（2）服务形象

上海大众全国224个维修服务站实行统一规范。每一个维修站都保证用户能享受上海大众的优质服务，使用上海大众的纯正配件。

2. 经营形象

（1）经营业绩

上海大众资金利税率、工业总产值、利润总额、固定资产等重要经济指标位于全国轿车生产企业之首。1997年桑塔纳轿车产量已达25万辆，在国内同行中领先进入经济规模生产的新阶段。

（2）经营策略

① 为了使桑塔纳轿车形成真正具有国际竞争力的规模生产，上海大众抓紧国产化工作，国产化率达85%以上……

② 抓新车型及二期工程

1994年底，上海大众基本建成了"二期"工程，实现了年产20万辆的生产能力，同时完成了新车型的开发工作……

（3）经销策略

① 广告宣传

根据市场调查公司的市场调查报告结论，上海大众的广告效果超越群雄。

② 售前、售后服务

（4）所获奖项

上海大众连续八年荣登全国十大最佳合资企业金榜，……

3. 管理形象

（1）质量管理

上海大众的质量方针是质量高于一切，产品的质量总是优于产品的数量和供货的日期。

（2）财物管理

上海大众的财物管理有严密的规章制度，主要包括固定资产管理制度、经济合同管理制度、一般费用管理规定……

（3）现场管理

即时生产和班组质量管理是上海大众独特的管理模式。"即时生产"即对在流水线生产的每个岗位的工作内容根据同一生产节拍进行优化安排，不允许返工……

（4）计算机管理

目前，上海大众的所有规章制度都十分程序化、数量化。为了实行程序化和数量化管理，上海大众给所有部门都配置了计算机。在计算机应用方面，上海大众已经走在了全国同行的前列。

4. 外观形象

（1）标识

上海大众有统一的标识，该标识几乎随处可见。从厂房、设备、成品桑塔纳轿车到企业员工着装上，都可以明显地看到这个标识。

（2）环境卫生

偌大的厂区，见不到遗落在路上的废弃物等，厂房整齐划一，用白色漆粉刷一新。

（3）绿化

上海大众的厂区绿化覆盖率达34%，绿化成活率为98%，在上市工厂环境美化评比活动中获标兵称号，同时又被评为上海市花园式工厂。

（4）污染治理

上海大众在保持产量、产值连年增长的同时，也充分注意环保方面的工作。

（5）劳动保护

上海大众的劳动保护设施比较完善，冲压车间采用的三人六手、四人八手开关的操作大型压机，要求操作同一台机床的工人将双手放在背后的开关上才能启动机器，有效避免了意外事故的发生。

5. 发展形象

创业容易，守业难。同样，创立一个崭新的企业形象固然是件难事，但是创立之后，不断发展已有的企业形象更是一件艰苦的工作。

（1）管理体制发展形象

上海大众在成立之初就引进了国外先进的管理制度，并将此与当地的实际情况相结合，建立起产权清晰、权责分明、政企分开的新体制。

（2）中长期发展规划

在上海大众一期工程中，在消化吸收引进技术、加速实现国产化的过程中，上海桑塔纳轿车独领风骚，成为名副其实的具有国际先进水平的国产车，成为率先降低进口配件关税的企业。桑塔纳轿车的国产化之所以能一马当先，这与上海大众重视国产化率是分不开的。

（3）科技进步与人才战略

桑塔纳国产化科技攻关项目是上海市重点工业会战项目的头号工程，五年来共立项90个，和45个高校院所建立了合作关系。

6. 人员形象

（1）领导形象

上海大众之所以能够脱颖而出，与上海大众领导层的开拓创新、一心为公的精神分不开。

（2）员工形象

① 职业道德

② 技术素质

③ 文明礼貌

7. 精神形象

（1）集体主义精神

（2）文化氛围的营造

（3）合理有效的激励机制

第十七节　企业公关企划方案

利维兄弟公司的公关企划

1983年中，传统的"宝莹"牌洗衣粉纷纷从超级市场的货架上消失，它成了人们改变洗衣习惯和技术发展的牺牲品；取而代之的是一种更便于洗涤的新型浓缩加酶"宝莹"牌全自动洗衣粉，利维兄弟公司希望以此获得产品在市场上的更大份额。

公司确实在一段时间内获得了成功，这种低泡洗衣粉在市场上的占有率由38%上升到了50%。但很快报纸和电视纷纷报道这种新型洗衣服会导致皮肤病，于是，消费者们开始放弃该洗衣粉。尽管皮肤病专家经过独家实验证明该洗衣粉并不是导致皮肤病的凶手，利维公司也一再为此问题辩白，却毫无成效。其问题的症结在于：

1. 利维公司虽然推出了新配方，但未能对此做任何解释。

2. 消费者对生物型洗衣粉仍有顾虑。

针对该问题的第一个威胁，来自英国《卫报》上的一篇报道称："全国皮疹学会已不再推荐这种洗衣粉。"《星期日镜报》也提醒大家："洗衣的日子请注意选用洗衣粉。"《每日镜报》声称："该洗衣粉会使人发痒。"

于是这种洗衣粉的市场份额骤然下降。

研究表明，大多数人并不相信他们读到的文章中的观点，但他们需要得到担保。于是，公司展开了一个公关活动，他们向消费者散发宣传传单，称"已有500万家庭妇女认为新型的'宝莹'牌全自动洗衣粉是当今最好的洗衣粉"……

公司还采取了其他的办法，如：将家庭父母的赞誉编入产品介绍中，由皮肤病专家发表试验结果报告，称"0.01%的皮肤病患者可能与使用新型'宝莹'牌全自动洗衣粉有关""与其他同类产品相比，它的这种百分比要小得多"。

同时，利维兄弟公司将洗衣粉更名为"非生物型'宝莹'牌自动洗衣粉"，根据消费者的需要重新投放市场；而新型的"宝莹"牌洗衣粉将明确标明为生物型。于是该产品又重新占领了市场。

安排皮肤病专家进行独家试验在这个案例中起了关键性的作用，同样重要的是调查研究。很自然，利维兄弟公司假设人们相信他们所读到的报道，而后的调查研究为公司的反应战略提供了线索：公众需要担保。一般来说，在危机中，往往没有太多的时间做调查研究，可是在正常的商务活动中可以定期开展调查研究工作，这样就能了解人们对公司、行业、产品和服务的看法等非常有价值的信息，也可由此发现潜在的危机，并得到更多的有利于竞争的数据。

第三章 商务往来公文

第一节 询价函

（一）询价函的概念

询价函，是买方向卖方就某项商品交易条件提出询问的信函。

（二）询价函的特点

1. 公文制作者是依法成立的商务组织。

2. 公文具有特定效力，用于处理各种商务，公文具有特定效能和影响力。

3. 公文有规范的结构和格式，各种类型的公文都应有明确规定的格式。

（三）询价函的范例

×××先生：

我公司对贵厂生产的绿茶感兴趣，需订购君山毛尖茶。品质：一级。规格：每包100克。望贵厂能就下列条件报价：

1. 单价。

2. 交货日期。

3. 结算方式。

如果贵方报价合理，且能给予最惠折扣，我公司将考虑大批量订货。

希速见复。

××副食品公司

××××年×月×日

第二节　报价函

范例：

×××超级商场

贵方×月×日询价信收悉，谢谢。兹就贵方要求，报价详述如下：

商品：君山毛尖茶

规格：一级

容量：每包100克

单价：每包×元（含包装费）

包装：标准纸箱，每箱100包

结算方式：商业汇票

交货方式：自提

交货日期：收到订单10日内发货

我方所报价格极具竞争力，如果贵方订货量在1000包以上，我方可按95%的折扣收款。如贵方认为我们的报价符合贵公司的要求，请早日订购。

恭候佳音！

××茶叶厂
××××年×月×日

第三节　订购函

（一）订购函的概念

双方谈妥的条件向卖方订购所需货物的信函。订购是指经过反复磋商，买卖双方接受了交易条件后，买方按双方谈妥的条件向卖方订购所需货物。而订购函就是为了订购货物而发的信函。

（二）订购函的形式

订购函有两种形式，一种是接受函里所说明的所需订购的货物；另一种是下订单，将订购函制成订单式，以表格的形式清晰地罗列出各项交易。

（三）订购函的范例

×××先生：

贵厂×月×日的报价单获悉，谢谢。贵方报价较合理，特订购下列货物：

epson 1q-100打印机1o台 单价1500元 总计15000元

star ar-2463打印机10台 单价900元 总计9000元

ciciaen ckp-5240打印机10台 单价1500元 总计15000元

交货日期：×年×月底之前

交货地点：××市××仓储部

结算方式：转账支票

烦请准时运达货物，以利我地市场需要。

我方接贵方装运函，将立即开具转账支票。

请即予办理。

××公司

×年×月×日

第四节　交易磋商函

（一）交易磋商函的概念

交易磋商函是交易双方就某项商品买卖的各种具体交易条件反复磋商，最后达成一致意向所用的商业信函。交易磋商函的正文部分环节较多，写作时要根据各环节写明具体内容。

（二）交易磋商函范例

_____公司：

_____月___日来信收悉。对贵公司要求与我公司建立业务关系的愿望，我们表示欢迎。从来信中获悉你方对中国真丝绢花很感兴趣，并希望了解该商品的有关情况及我方的贸易做法。现将我公司销售绢花的一般交易条款介绍如下：

1. 品质规格：真丝绢花以绫、绸、绢、缎等高级丝绸为原料，品种有月季、寒冬菊、杜鹃、凤尾兰等千余种，式样有瓶插花、盆景、花篮等。质地轻盈，不褪色，耐温耐压。具体规格请参阅全套彩色样本。

2. 包装：纸箱装。大花每箱装二十盒，每盒装一打；小花每箱装三十、四十或八十打不等，根据货号决定。纸箱内衬托蜡纸，外捆塑料打包带。每箱体积长___厘米，宽___厘米，高___厘米。每箱毛重___公斤，净重___公斤。

3. 数量：为便于安排装运，卖方有权多交或少交5%的货物，多交、少交部分按合同价格结算。

4. 付款：买方应通过卖方所接受的银行开具全部货款，不可撤销的，准许转船准许分期装运的即期信用证，信用证必须于装运月份前15天送达卖方。其中装船货物的数量和金额允许增减5%，信用证有效期应规定在最后装运日期后15天在中国到期。

5. 保险：如按CIF价格条件成交，卖方按发票金额110%投保综合险，以中国人民保险公司的有关海洋运输货物保险条款为准。

6. 人力不可抗拒因素：如因战争、地震、严重的风灾、雪灾、水灾以及其他人力不可抗拒事故而致延期交货或无法交货时，卖方不负任何责任。

7. 索赔：如果对装运货物质量提出索赔，必须在货到目的港后30天内提出。货物质地、重量、尺寸、花型、颜色均允许存在合理差异，对在合理差异范围内提出的索赔，卖方概不受理。

8. 仲裁：凡因执行合同发生的或与合同有关的一切事宜，双方应通过友好协商解决。如协商不能解决，应提交北京中国国际贸易促进会对外贸易仲裁委员会根据该会仲裁程序暂行规则进行仲裁，仲裁裁决是终局的，对双方都有约束力。

以上一般交易条款已为___国其他进口商所接受，相信这些条款也将为贵公司所接受。如果还有疑问，请向我们提出。

近来各地对中国真丝绢花需求甚殷，如你方有意购买，请即询价。我们相信，在双方良好的配合下，首笔交易必将能很快达成。等候佳音。

_____公司
_____年____月___日

第五节　代理函

（一）代理函的概念

所谓代理，在法律上是指一人授权另一人代表他行动的关系。前者叫委托人，后者叫代理人。而代理函是委托人与代理机构之间有关销售或其他业务的意向洽商信函。

（二）代理函的特点

1. 契约性。代理函中的内容很多时候体现了委托人和代理人之间的契约关系。委托人将会替代理人出面，并应对相应行动，承担一切后果。

2. 意向性。代理函是委托人和代理人间的意向洽商，双方还要进行很多的条款进行商谈，一旦签约后，双方之间就有了约束性。

（三）代理函的分类

根据形式不同，代理函可以分为独家代理、一般代理、总代理三种。

1. 独家代理。委托人只能指定唯一机构或个人来负责经销自己的产品，两者之间的关系是独家代理。

2. 一般代理。委托人指定多个机构或个人来负责经销自己的产品，委托人和任何一家机构或个人都是一般代理关系。

3. 总代理。委托人指定某个机构或个人负责处理自己的所有业务，不仅局限在经销产品，这种情形下，两者之间的关系就是总代理关系。

（四）范例

尊敬的×××先生：

近六年来，我们一直在浙江销售贵方的丝绸服装，你们的产品深得顾客的青睐。产品的设计、式样和色彩都符合市场的需要。批发商及零售商对销售你们的服装极感兴趣。

既然我们已经建立了良好的贸易关系，撰写者提议订立独家代理合同，有效期为四年。在合同期内，我们保证每年销售八万件。同时，我们保证不经营相同的外国产品或其他公司的产品。

如果贵方同意授予我们独家代理权，我们将不遗余力地在浙江市场不断提高贵方服装的销量。

静候佳音！

×××（签名）
20××年×月×日

第六节　信用查询函

范例：

个人信用信息查询同意函

致：

为便于贵行在受理、办理或管理相关授信业务时，可以全面了解、评估本人有关信用状况，本人确认及授权如下：

本人_____（身份证号为：_____）

同意：（请勾选）　☐

在本人向贵行（包括贵行各分支机构，下同）进行贷款申请、信用卡申请、或相关授信业务申请，及/或前述业务存续期间，或 □ 本人作为与_____个人身份证号码/公司名称：

　　承担共同或连带责任的第三方，在相关业务申请或存续期间，贵行有权按照《征信业管理条例》《个人信用信息基础数据库管理暂行办法》等国家相关规定及贵行内部的相关操作规程和制度，采集并向金融信用信息基础数据库和其他依法设立的征信机构提供符合相关规定的本人个人信息和包括信贷信息在内的信用信息；同时，贵行也有权通过该数据库和征信机构查询、打印、保存及使用符合相关规定的本人个人信息和包括信贷信息在内的信用信息。

　　本人同意拥有本人不良信息的机构，通过金融信用信息基础数据库和其他依法设立的征信机构，向贵行提供本人不良信息。

　　本人在此声明：本人已清楚知悉并理解该同意函的授权条款，同时已被告知永亨银行（中国）有限公司（包括其分支机构）将在授权范围内查询和使用本人的个人信用信息，如超出授权查询，由其承担一切后果和法律责任。

签字：
日期：

第七节　装运通知函

（一）装运通知函的概念

　　在国内贸易中，货物的提取若是发货形式，卖方就应负责装运，即负责装车（船），安排装运日期，把货物发到买方指定的地点。为避免意外，卖方还要为货物投保。装运条件包括装运方式和运费、保险金的支付。采取何种装运方式以厦装运费用、保险金的支付，主要根据交易双方的协商而定。如果买方要求卖方将货物装运发送到指定地点，那么，买卖成交后，卖方就应履约，按规定期限将货物送达，并立即用电报、信函等形式通知买方，说明装运日期、装运车号，并将提单、发票、检验单、保险单等单据副本寄去，以便买方办理提货手续。

（二）装运通知函的范例

尊敬的×××先生：

贵公司××××年×月×日订购的60箱××节能灯管已于××××年×月×日交付托运，预计3月内到达。

60箱××节能灯管的包装箱上都有※标志。兹随函附寄下列装运单据，以便贵公司顺利提货：

（1）××号货运提单一份；

（2）××号装箱单一份；

（3）××号保险单一份；

（4）××号检验单一份；

（5）××号发票一张。

非常感谢贵公司的大力支持，希望继续友好往来！

第八节　催款书

范例：

催款函

×××公司：

现就贵司拖欠我司____款一事向贵司致函如下：____年____月____日，贵司与我司签订了《_____合同》，双方约定，贵司应于____年____月____日支付我司____款____元，余款于____年____月____日之前付清。贵司也曾于____年____月____日支付了部分款项，但从____年____月____日后，贵司便未再按约定支付，现累计已欠____元。贵司行为明显已违约。

鉴于双方此前的合作关系较好，现特致函请贵司于____年____月____日前将所欠款项支付我司。如贵司仍不能按期支付，我司将按有关规定（或约定）向贵司追索欠款利息，采取相关法律措施。届时，贵公司可能要承担诉讼而带来的更大损失。

  此致！

×××公司
×年×月×日

第四章　商务谈判与合作公文

第一节　商务谈判方案

（一）商务谈判方案的概念

商务谈判方案是指企业最高决策层或上级领导就本次谈判的内容所拟定的谈判目标、准则、具体要求和规定。谈判方案可根据谈判的规模、重要程度而定。其内容可多可少，可简可繁，可以是书面形式的也可以口头交代。

（二）商务谈判方案的写作技巧

1. 简明扼要。尽量使谈判人员记住其主要内容和基本原则，进而根据方案要求，与对方周旋。

2. 明确、具体。在简明扼要的前提下，谈判方案还要结合具体内容，否则容易使谈判内容变得含糊，所以在制定谈判方案的时候要做到明确、具体。

3. 富有弹性。谈判过程中可能会发生一些突发事件，想要在谈判中获得较好的结果，这就需要准备的谈判方案有一定的弹性。

（三）范例

一、谈判双方的背景

（我方：舒婷网络集团；乙方：清华同方责任有限公司）

我方（甲方）：

舒婷网络集团成立于2004年，是一家游戏网络运营集团，董事会主席兼

CEO牛舒婷以及其他5名个人股东（大多数为舒婷网络董事和权益股东），创建了现在的舒婷网络集团，它与著名的巨人网络集团有过合作，在中国是一个覆盖面广、很有影响的网络集团之一，全国500强企业之一。

乙方：

同方股份有限公司是由清华大学控股的高科技公司，于1997年6月成立并在上海证券交易所挂牌交易，股票代码600100。2005年清华同方位列"中国电子信息企业500强"第23位，是中国政府重点支持的电子百强企业。

清华同方以自主核心技术为基础，充分结合资本运作能力，创立了信息技术、能源与环境、应用核电子技术、生物医药四大产业。

在信息产业中，清华同方致力于应用信息系统、计算机系统和数字电视系统领域的技术创新与产品开发，为电子政务、数字家园、数字城市、数字教育、数字传媒等行业提供全面解决方案和成套设备。目前，清华同方在计算机产品、重大行业信息化、数字教育资源、数字电视等领域已具有领先国内的技术实力。

在能源与环境产业中，清华同方在人工环境、能源环境、建筑环境和水环境等业务领域，以烟气脱硫、垃圾焚烧、水处理、空气调节等核心技术为基础，专门从事能源利用与环境污染控制工程和人工环境工程，并在大中型空调设备方面具有显著优势。

在应用核电子技术产业中，以电子加速器、辐射成像、自动控制、数字图像处理技术为核心的系列产品，已达到国际先进水平。

在生物医药与精细化工产业中，生产新型成药、药品中间体、原料药品等多种产品，已成为一家新兴的生物医药高科技企业。

二、谈判主题

我方向乙方公司采购100台电脑。

三、谈判团队人员组成

主谈：牛舒婷，公司谈判全权代表。

决策人：张新新，负责重大问题的决策。

技术顾问：王文芳，负责技术问题。

法律顾问：付美，负责法律问题。

四、双方利益及优劣势分析

我方核心利益：

1. 要求对方用尽量低的价格供应我方同方电脑。

2. 在保证质量的基础上、尽量减少成本。

对方利益：用最高的价格销售，增加利润。

我方优势：

1. 有多方的电脑供应公司可供我方选择

2. 在中国是一个覆盖面广、有较大影响力的网络集团。

我方劣势：我方迫切想与对方合作，不然可能会对公司造成损失。

对方优势：对方的电脑品牌在国际上声誉较好，且与其合作的公司较多。

对方劣势：对方属于供应方，如果谈判不成功，可能错失以后合作的机会。

五、谈判目标

战略目标：1.和平谈判，按我方的采购条件达成收购协议

（1）报价：1000元

（2）供应日期：一周内

底线：

（1）以我方底线报价2000元

（2）尽快完成采购后的运作

六、程序及具体策略

1. 开局

方案一：

感情交流式开局策略：通过谈及双方合作情况形成感情上的共鸣，把对方引入较融洽的谈判气氛中，创造互利共营的氛围。

方案二：

采取进攻式开局策略：营造低调谈判气氛，明确指出有多家供应商竞争，开出1000元的报价，以制造心理优势，使对方处于被动地位。

2. 中期阶段

（1）红脸白脸策略：由两名谈判成员中中一名充当"红脸"，另一名充当"白脸"辅助谈判，把握住谈判的节奏和进程，从而占据主动地位。

（2）层层推进，步步为营的策略：有技巧地提出我方预期利益，先易后难，步步为营地争取利益。

（3）把握让步原则：明确我方核心利益所在，实行以退为进策略，退一步进两步，做到迂回补偿，充分利用手中筹码，必要时可以退让承运费来换取其他更大利益。

（4）突出优势：以资料作支撑，以理服人，强调与我方合作成功给对方带来的利益，同时软硬兼施，暗示对方若与我方合作失败，我方将立即与其他电脑供应公司谈判。

（5）打破僵局：合理利用暂停，首先冷静分析僵局原因，再运用肯定对方形式，否定其实质的方法解除僵局，适时用声东击西策略，打破僵局。

3. 休局阶段：如有必要，根据实际情况对原有方案进行调整。

4. 最后谈判阶段

（1）把握底线：适时运用折中调和策略，把握最后让步的幅度，在适宜的时机提出最终报价，使用最后通牒策略。

（2）埋下契机：在谈判中形成一体化谈判，以期建立长期合作关系。

（3）达成协议：明确最终谈判结果，出示会议记录和合同范本，请对方确认，并确定正式签订合同时间。

七、准备谈判资料

相关法律资料：

《中华人民共和国合同法》《国际合同法》《国际货物买卖合同公约》《经济合同法》

备注：《合同法》违约责任

合同范本、背景资料、对方信息资料、技术资料、财务资料（见附录和幻灯片资料）

八、制定应急预案

双方是第一次进行商务谈判，彼此不太了解。为了使谈判顺利进行，有必要制定应急预案。

1. 对方不同意我方报价1000元

应对方案：就对方报价金额进行谈判，运用妥协策略，换取在交接期、技术支持、优惠待遇等方面的利益。

2. 对方使用权力有限策略，声称金额的限制，拒绝我方的报价。

应对：了解对方权限情况，"白脸"据理力争，适当运用制造僵局策略，"红脸"再以暗示的方式揭露对方的权限策略，并运用迂回补偿的技巧，来打破僵局；或用声东击西策略。

3. 对方使用借题发挥策略，对我方某一次要问题抓住不放。

应对措施：

避免不必要的解释，可转移话题，必要时可指出对方的策略本质，并声明对方的策略影响了谈判进程。

第二节　商务谈判备忘录

范例：

备忘录

甲方：_____　　乙方：_____

甲、乙双方于____年___月___日在_____（地点）就_____（项目名称）合作事宜，经过协商讨论，初步达成如下共识：

一、_____

二、_____

三、_____

……

双方商定，于___年___月___日在_____（地点）举行第二次会议，进一步讨论合作内容。

甲方：_____ 乙方：_____

代表（签字）代表：（签字）

_____年___月___日

第三节 一般代理协议书

（一）协议代理的概念

代理协议也称代理合同，它是用以明确委托人和代理人之间权利与义务的法律文件。

（二）范例

制造商名称：ＫＤＳＺ

注册地点：_____（以下简称制造商）

代表商名称：_____ＡＢＣ贸易有限公司

注册地点：_____（简称代理商）

1. 委任

兹委任ＡＢＣ贸易有限公司为_____地区船舶修理及销售之代理商。

2. 代理商之职责

（1）在该地区寻求欲购船和修船的船主询价单转告ＫＤＳＺ；

（2）报道本地区的综合市场概况；

（3）协助完成工厂经销人员的业务活动；

（4）代表制造商定期做市场调查；

（5）协助制造商回收货款（非经许可，不得动用法律手段）；

（6）按商定的方式，向ＫＤＳＺ报告在本地区开展的业务状况。

3. 范围

为了便于工作，ＫＤＳＺ应把代理区域业主名录提供给代理商，代理商对此名录给予评述，提出建议或修正方案，供ＫＤＳＺ备查；由于个别船舶收取佣金造成地区之间的争执时，ＫＤＳＺ应是唯一的公证人，他将综合各种情况给出公平合理的报酬。

4. 佣金

ＫＤＳＺ向该地区代理商支付修理各种船舶结算总价值＿＿＿％的佣金，逢有大宗合同需另行商定佣金支付办法，先付＿＿＿％的佣金，余额待修船结算价格收款后支付。

当需要由ＫＤＳＺ付给业主（即船主）的经纪人及第三方介绍人佣金时，必须由代理商事先打招呼，再由ＫＤＳＺ决定是否支付。

5. 费用

除下述情况外，其余费用由代理商自理。

（1）由ＫＤＳＺ指定的时间内对ＫＤＳＺ的走访费用；

（2）特殊情况下的通讯费用（长电传、各种说明书等）；

（3）ＫＤＳＺ对该地区进行销售访问所发生的费用。

6. ＫＤＳＺ的职责

（1）向代理商提供样本和其他销售宣传品；

（2）向代理商提供重点客户的船名录以使其心中有数；

（3）通知代理商与本地区有关船主直接接洽；

（4）将所有从业主处交换来的主要文件之副本提供给代理商并要求代理商不得泄露商业秘密。

7. 职权范围

就合同之价格款、时间、规格或其他合同条件，代理无权对ＫＤＳＺ进行干涉，其业务承接之决定权属ＫＤＳＺ。

8. 利害冲突

兹声明，本协议有效期内，代理商不得作为其他修船厂的代表而损害ＫＤＳＺ之利益。代理商同意在承签其他代理合同前须回求ＫＤＳＺ之意见；代理商担保，未经ＫＤＳＺ许可，不得向第三方泄露有损于ＫＤＳＺ商业利益的情报。

9. 终止

不拘何方，以书面通知三个月后，本协议即告终止；协议履行期间代理商所承接的船舶的佣金仍然支付，不论这些船舶在此期间是否在厂修理。

10. 泄密

协议执行中或执行完毕，代理商担保，不经ＫＤＳＺ事先同意，不向任何方泄露ＫＤＳＺ定为机密级的任何情报。

11. 仲裁

除第三条所述外，双方凡因协议及其解释产生争执或经双方努力仍未能满意解决之纠纷，应提交双方确认的仲裁员进行仲裁，如对仲裁员各持己见，则暂由海事仲裁委员会主席临时指定仲裁员。

ＫＤＳＺ ＡＢＣ贸易有限公司

签字：＿＿＿＿＿＿＿＿

签字：＿＿＿＿＿＿＿＿

＿＿＿年＿＿月＿＿日

第四节　独家代理协议书

范例：

本协议系于＿＿＿年＿＿＿月＿＿＿日，由当事人一方＿＿＿＿＿＿＿＿＿＿公司按中国法律组建并存在的公司，其主营业地在＿＿＿＿＿＿＿＿＿＿（以下简称卖方）与他方当事人＿＿＿＿＿＿＿＿＿公司，按＿＿＿＿＿＿＿＿国法律组建并存在的公司，其主营业地在＿＿＿＿＿＿＿＿＿＿（以下简称代理商）所签订。双方一致同意约定如下：

第一条 委任与接受

在本协议有效期内，卖方指定代理商为本协议第四条项下商品的独家代理商，在第三条所规定的区域内招揽顾客的订单。代理商同意并接受上述委托。

第二条 代理商的义务

代理商应严格遵守卖方随时给予的任何指令，而且不得代表卖方作出任何担保、承诺以及订立契约、合同或作其他对卖方有约束力的行为。对于代理商违反卖方指令或超出指令范围所用的一切作为或不作为，卖方都将不承担任何责任。

第三条 代理区域

本协议所指的代理区域是_____（以下简称区域）。

第四条 代理商品

本协议所指的代理商品是_____（以下简称商品）。

第五条 独家代理权

基于本协议授予的独家代理权，卖方不得在代理区域内，直接或间接地，通过其他渠道销售、出口代理商品。代理商也不得在代理区域内经销、分销或促销与代理商品相似或有竞争性的商品，也不能招揽或接受区域外以销售为目的的订单。在本协议有效期内，对来自区域内其他顾客有关代理商品的订单、询价，卖方都应将其转交给代理商。

第六条 最低代理额和价格

在本协议有效期内，如果卖方通过代理商每年（12个月）从顾客处收到的货款总金额低于_____，则卖方有权提前30天书面通知代理商解除本协议。卖方应经常向代理商提供最低的价格表以及商品可以成交的条款、条件。

第七条 订单的处理

在招揽订单时，代理商应将卖方成交的条件、合同的一般条款充分通知顾客，也应告知顾客任何合同的订立须经卖方确认。代理商应将其收到的订单立即转交给卖方，以供卖方选择是否接受订单。卖方有权利拒绝履行或接受代理商所获得的订单或订单的一部分，而代理商对于被拒绝的订单或其中的一部分，无任何佣金请求权。

第八条　费用分担

除另有约定外，所有的费用和支出，如电讯费、差旅费以及其他有关商品销售的费用，都应由代理商承担。除此以外，代理商还应承担维持其办公处所、销售人员以及用于执行卖方中有关代理商的义务而产生的费用。

第九条　佣金

卖方接受代理商直接获得的所有订单后，就应按商品净销售额的百分之＿＿＿＿＿＿＿＿＿＿，以＿＿＿＿＿＿（货币）支付给代理商佣金。佣金只有在卖方收到顾客的全部货款后，每6个月支付一次，以汇付方式支付。

第十条　商情报告

卖方和代理商都应按季度或按对方要求提供有关市场信息的报告，以尽可能促进商品的销售。代理商应向卖方报告商品的库存情况、市场状况及其他商业活动。

第十一条　商品的推销

在代理区域内，代理商应积极、充分地进行广告宣传以促进商品的销售。卖方应向代理商提供一定数量的广告印刷品、商品样本、小册子以及代理商合理要求的其他材料。

第十二条　工业权保护

在本协议有效期内，代理商可使用卖方的商标，但仅限于代理商品的销售。代理商也承认使用于或包含于代理商品中的任何专利、商标、版权以及其他工业产权，都属于卖方所有，并且不得以任何方式提出异议。一旦发现侵权，代理商应及时通知卖方并协助卖方采取措施保护卖方产权利益。

第十三条　协议期限

本协议经双方签字生效。在本协议终止前至少三个月，卖方或代理商应共同协商协议的续延。如果双方一致同意续延，在上述规定的条款、条件下，附上补充文件，本协议将继续有效_____年。本协议将于____年____月____日终止。

第十四条　协议的中止

在本协议有效期内，任何一方当事人不履行合同或违反本协议的条款，如第五、六、十一条，双方当事人应争取及时解决争议的问题以期双方满意。如果在违约方接到书面通知后30日内问题仍不能解决，非违约方将有权中止本协议，由此造成的损失、无力偿付债务、清算、死亡以及被第三人兼并，另一方当事人可提出中止本协议，而无需书面通知对方。

第十五条　不可抗力

任何一方对由于下列原因而导致不能或暂时不能履行全部或部分协议义务的，不负任何责任：自然灾害、政府采购或禁令以及其他任何双方在签约时不能预料、无法控制且不能避免和克服的事件。受不可抗力影响的一方，应尽快地将发生的事件通知对方，并附上证明材料。

第十六条　准据法

本协议有关贸易条款应按_____解释。本协议的有效性、组成以及履行受中华人民共和国法律管辖。

第十七条　仲裁

对于因履行本合同发生的一切争议，双方应友好协商解决，如协商无法解决争议，则应提交中国国际经济贸易仲裁委员会（_____），依据其仲裁规则，仲裁费应由败诉一方承担，仲裁委员会另有规定的除外。本合同由双方代表签字后生效，一式两份，双方各执一份。

买方（盖章）：_____　　　卖方（盖章）：_____

代表（签字）：_____　　　代表（签字）：_____

____年____月____日　　　　　　____年____月____日

第五节　经销服务协议书

范例：

甲方：_____公司

乙方：_____有限公司

因甲、乙双方存在着共同的基础、一致的利益，双方本着友好合作、互相支持、平等互利、发挥各自优势、共同发展的原则，就_____设备、_____设备的销售与服务事宜达成如下协议：

第一条　甲方同意乙方销售甲方的产品，并负责所销售产品的售后服务工作。按照乙方的业务范围，以消防工程为主业务。甲方对售出的产品实行三包服务，乙方按照甲方售后服务准则执行售后服务。

第二条　乙方与甲方的合同签订，由甲方_____销售公司负责。在市场运作中，乙方与甲方应互通信息，相互支持，执行甲方的项目管理制度。为便于甲方管理合同、跟踪工程信息，规范市场，杜绝假冒产品。甲、乙双方必须签订完整系列产品的合同，保持甲方产品的系统性和完整性，不能只采购报警器，不得把其他厂家产品配在甲方产品上。合同签订时，应注明工程名称。

第三条　乙方享受甲方的产品优惠价。从____年____月____日起，让利的比例以_____公司____年____月份的销售价目表为准。电子产品为_____%；灭火产品为____%。乙方对甲方产品要保持、发展相当的市场份额，年基本回款任务____万元。

第四条　付款方式。乙方对甲方的货款结算方式为：合同经双方签字盖章后，乙方在_____周内向甲方支付合同总额的____%~____%（以合同总额大小来确定），甲方按合同要求准备货物，在双方确认发货前乙方将余款一次性结清，甲方不予乙方留有任何形式的质保金。

第五条　乙方的法定代表人要对甲方所定合同的往来账目负责，及时清理货款。乙方人事和管理分工如有重大变化，应及时通知甲方，以便于双方合作的稳定性和延续性。

第六条　甲方免费向乙方提供产品宣传资料。如工程需要，甲方根据工程情况提供产品认证复印件、质量体系复印件。乙方应积极宣传、推广、应用甲方的产品，维护甲方的信誉和经济、技术权益，保守甲方的商业秘密，热情地为用户服务。乙方不得假冒甲方注册商标或仿制甲方产品，也不得销售假冒伪劣产品，不得损坏甲方的企业形象，否则甲方有权追究法律责任。

第七条　保密

一方对因本次协议而获知的另一方的商业机密负有保密义务，不得向有关其他第三方泄露，但中国现行法律、法规另有规定的或经另一方书面同意的除外。

第八条　补充与变更

本协议可根据各方意见进行书面修改或补充，由此形成的补充协议，与协议具有相同的法律效力。

第九条　协议附件

1. 本协议附件包括但不限于以下两点：

（1）各方签署的与履行本协议有关的修改、补充、变更协议。

（2）各方的营业执照复印件、房产证的各种法律文件。

2. 任何一方违反本协议附件的有关规定，应按照本协议的违约责任条款承担法律责任。

第十条　不可抗力

任何一方因有不可抗力致使全部或部分不能履行本协议或迟延履行本协议，应自不可抗力事件发生之日起三日内，将事件情况以书面形式通知另一方，并自事件发生之日起三十日内，向另一方提交导致其全部或部分不能履行或迟延履行的证明。

第六节　售后服务协议书

范例：

售后服务协议

甲方：

（卖方）乙方：

（经销商）_____为维护甲方用户的合法权益，做好甲方的售后服务工作，甲、乙双方本着平等互利，协作负责的原则，根据甲、乙双方于___年___月___日签订的合同编号为_____的《××合同》（以下简称为"原合同"），就有关售后服务的相关事宜达成如下协议：
一、甲方责任和义务 1.……二、乙方责任和义务 1.…… 2.…… 3.……
三、技术支持服务1.……2.…… 四、培训管理 1.……五、产品质量保证期限1.…… 六、配件申购 1. …… 2.…… 乙方向甲方申请配件时，需填写《客户配件申请单》并以传真或邮件方式向甲方售后服务部申请，甲方收到乙方的申请后在两小时内与乙方确定所要配件明细，并开具配件订单传真回乙方确认。

×年×月×日

第七节　商业赔偿协议书

范例：

赔偿协议书范本

甲方：

乙方：

乙方于___年___月___日未经其许可，对其_____技术或者系统进行使用（修改），导致甲方遭受了损失，现经双方友好协商，达成以下和解赔款协议书。

一、甲方同意在本协议签订时，一次性向乙方赔偿货损_____元（大写：_____）。

二、赔款方式：现金（   ）汇款（   ），汇款信息如下：

户　　名：

账　　号：

开户行地址：

三、甲方向乙方支付上述赔偿金后，双方关于该赔偿事宜结束。

四、甲方按本协议履行后，乙方不得就此事再向甲方主张任何权利。

四、本协议第一条填写金额处，需加盖甲方公章方视为甲方对理赔金额认可；

五、本协议一式二份，双方当事人各执一份，自双方签字盖章即具有法律效力。

甲方：（盖章）　　　　　　　乙方：（盖章）

代表人：　　　　　　　　　　代表人：

身份证号码：　　　　　　　　身份证号码：

日　期：　　　　　　　　　　日　期：

第五章　企业招商投标公文

第一节　标书

（一）标书的概念

标书是由发标单位编制或委托设计单位编制，向投标者提供对该工程的主要技术、质量、工期等要求的文件。标书是招标时采购当事人都要遵守的具有法律效力且可执行的投标行为标准文件。它的逻辑性强，不能前后矛盾，模棱两可；用语精炼、简短。标书也是投标商投标编制投标书的依据，投标商必须对标书的内容进行实质性的响应，否则被判定为无效标（按废弃标处理）。标书同样也是评标最重要的依据。标书一般至少有一个正本，两个或多个副本。

（二）范例

标书封面

（招标单位名称）：

现送上××××工程项目投标书正本一份，请审核。

投标单位：　　　　　　　　　　　（章）

负责人（职务）：　　　　　　　　（章）

投标日期：　　　　　　　　年　　月　　日

标书

投标企业（全称）：____（盖章）

投标企业负责人：_____（盖章）　　　　　　___年___月___日

续表

投标工程	工程名称		建筑面积	
	建筑地点		结构类型	
标价	工程内容		设计图号	
	总造价			
	直接费			
	施工管理费			
	独立费			
	其他			
	材料差价			
开、竣工日期	开工	年 月 日	竣工	年 月 日

续表

工程质量达到标准	
工程质量保证措施	
主要材料	
钢材	
木材	
水泥	
玻璃	
沥青	
说明	

第二节　招标书

（一）招标书的概念

招标书又称招标通告、招标启事、招标广告，它是将招标主要事项和要求公告于世，以便众多的投资者前来投标。一般都通过报刊、广播、电视等公开传播媒介发表。在整个招标过程中，它是属于首次使用的公开性文件，也是唯一具有周知性的文件。

（二）招标书的特点

1. 告知性。一般是通过大众传媒公开，是一种告知性文件。
2. 紧迫性。招标书要求在短时间内获得结果，所以具有紧迫性。
3. 竞争性。它是吸引竞争者加入的一种文书。

（三）招标书的分类

1. 根据方式来分：有公开招标和邀请招标。
2. 根据时间来分：有长期招标书和短期招标书。
3. 根据其内容和性质来分：有企业承保招标书、工程招标书、大宗商品交易招标书。
4. 根据招标范围来分：有国际招标书和国内招标书。

第四节　招标书的写作格式

1. 标题。由招标单位名称、招标项目名称和文种三部分组成，如"××集团招标公告"。
2. 正文。一般用条文式，有的也用表格式。

（1）引言。多写明招标目的、依据及招标项目名称。

（2）主体。是招标公告的核心，要详细将招标内容、事项等写明。

（3）结尾。应写明招标单位名称、地址等。

（五）范例

建设单位：_____

  1. 根据已收到的招标编号为____的_____工程的招标文件，遵照《工程施工招标投标管理办法》的规定，我单位经考察现场和研究上述工程招标文件的投标须知、合同条件、技术规范、图纸、工程量清单和其他有关文件后，我方愿以人民币_____元的总价，按上述合同条件、技术规范、图纸、工程量清单的条件承包上述工程的施工、竣工和保修。

  2. 一旦我方中标，我方保证在_____年_____月____日开工，_____年____月_____日竣工，即_____天（日历日）内竣工并移交整个工程。

  3. 如果我方中标，我方将按照规定提交上述总价5%的银行保函或上述总价10%的由具有独立法人资格的经济实体企业出具的履约担保书，作为履约保证金，共同或分别承担责任。

  4. 我方同意所递交的投标文件在"投标须知"第11条规定的投标有效期内有效，在此期间内我方的投标有可能中标，我方将受此约束。

  5. 除非另外达成协议并生效，你方的中标通知书和本投标文件将构成约束双方的合同。

  6. 我方金额为人民币_____元的投标保证金与本投标书同时递交。

  7. 投标单位：（盖章）_____

  单位地址：_____

  法定代表人：（签字、盖章）_____

  邮政编码：_____

  电话：_____

  传真：_____

  开户银行名称：_____

  银行账号：_____

  开户行地址：_____

  电话：_____

  日期：_____年____月____日

第三节　招标申请书

（一）招标申请书的概念

招标申请书是招标单位向社会发布招标公告前，向招标、投标管理部门或上级有关部门报送的请求批准招标的一种文书。

（二）招标申请书的写作格式

招标申请书是由标题、正文和结尾三部分组成。

1. 标题

由事由和文种两个要素构成。

2. 正文

（1）称谓，即主送单位，指接受单位的称谓，一般要写全称。

（2）主体文。也就是正文的主体，要简明扼要说明招标项目和招标条件，还要写明申请招标的意愿及希望批准的态度。

3. 结尾

招标申请书的结尾，常由附件和署名等要素构成。

（三）招标申请书的写作要求

1. 形式和内容都要符合规范。

2. 内容要真实。

3. 要用请求的语气去写。

第四节　招标邀请通知书

范例：

_____（单位名称）：

_____大桥工程，是我省1995年公路建设计划项目。经请示省交通厅同意采取招标的办法进行发包。

你单位多年从事桥梁工程建设，施工任务完成得很好。经研究，我们决定邀请你单位前来投标。

随函邮寄"桥梁工程施工招标公告"一份。如同意,望接函后,于1995年1月25日上午9时光临省交通厅生产综合处领取"投标文件"(包括施工设计图),并请按规定日期参加工程投标。

招标单位:_____省交通厅生产综合处(招标办)

地址:省交通厅二楼209号

联系人:_____

电　话:_____

_____年_____月_____日

第五节　投标书

(一)投标书的概念

投标书是指投标单位按照招标书的条件和要求,向招标单位提交的报价并填具标单的文书。它要求密封后邮寄或派专人送到招标单位,故又称标函。它是投标单位在充分领会招标文件,进行现场实地考察和调查的基础上所编制的投标文书,是对招标公告的响应和承诺,其中提出了具体的标价及有关事项。

对政策法规的准确理解与执行,有利于标书制作者剔除歧视性条款,是对甲方(采购方或发包工程方)"出钱想买什么就买什么"传统观念的有力阻击。

(二)投标书的分类

1. 根据招标范围不同可以分为国际招标书和国内的招标书。

国际投标书分为两个版本,按国际惯例以英文版本为准。如果是以中国单位进行国际招标,招标文件中一般要注明,如果中英版本产生差异,要以中文版为准。

2. 根据招标的标的物可划分为三大类:货物、工程、服务。

（三）范例

快捷酒店工程项目的投标书

致：

根据贵方为 快捷酒店工程项目的投标邀请，签字代表曹书文，经正式授权并代表投标方芜湖市文成广告装饰工程有限公司（地址：芜湖市侨鸿国际凤凰花园5-802）提交下述文件：

（1）投标书

（2）资格证明文件

（3）开标一览表

（4）公司情况一览表

（5）经营业绩一览表

（6）工程施工情况一览表

（7）机械设备一览表

（8）从业人员及其技术资格一览表

（9）规章管理制度一览表

（10）规章制度汇编

投标方名称：芜湖市文成广告装饰工程有限公司（现公司全名：芜湖市文成广告有限公司）（公章）

日期：××年××月××日

全权代表签字：

第六节　投标申请书

（一）投标申请书的概念

投标申请书，是投标单位在招标公告规定的时间内递交的表达参与竞标意愿的文书。其构成内容包括参与竞标的意愿表示和企业简历资料两部分。

其意义是为招标单位审定投标资格提供依据。只有在投标申请获准后，才能拟写标书，参加竞标。

（二）投标申请书的写作格式

投标申请书包括标题、称谓、正文、署名、附件五部分。

1. 标题。只要写投标申请书就可以。

2. 称谓。和信函称谓一样，顶格写上招标单位即可。

3. 正文。表明参加投标的意愿及承诺事项等。

4. 署名。投标属于较大的经济活动，这就需要双重签署和双重用印，首先是署名法人名称和用印，其次是法人代表签名和用印，最后还要写明时间。

5. 附件。反映投标资格的详细资料，包括投标单位基本情况及相关招标项目情况等，是投标申请书中的重要组成部分。

（三）范例

投标申请书

_____省_____市_____局招标管理办公室：

我公司同有施工能力及设备实力，决定参加_____地铁建设工程投标。我们有条件有能力也有决心保证达到招标文件提出的有关要求及标准，并遵守其他各项规定。

特此申请。

×××（法人名称）

×××（法人代表）

×年×月×日

第六章 企业经济公文

第一节 设立股份有限公司协议书

范例:

_____厂：厂址_____市

法定代表人：_____

职务：_____

_____厂：厂址_____市

法定代表人：_____

职务：_____

_____厂：厂址_____市

法定代表人：_____

职务：_____

_____公司：地址_____市

法定代表人：_____

职务：_____

上述当事人按照社会主义市场经济和社会化大生产的客观要求，依法自愿组成_____股份有限公司，发挥股份制经济的优势，发展新产品，满足社会需要，搞活企业。现就成立_____股份有限公司（以下简称公司）的有关事宜达成如下协议：

1. 公司是一个社会主义性质的股份制企业，它是适应社会主义市场需要而创立的新型企业。公司以发展生产，满足社会需求，搞好四化建设为宗旨。

2. 公司是一个军民结合型的，自主经营、独立核算、自负盈亏的经济实体，以开发、生产经销军工产品、汽油机系列产品、摩托车系列产品为主，为装备部队和国民经济建设服务。公司在横向经济联合的基础上，形成以公司为主体，与科研、生产、商业、外贸、金融相结合的跨地区、跨部门、跨行业的全国性的股份制企业集团。

3. 公司股份由国有股、公有企业股、企业集体股和职工个人股组成。

4. 公司实行筹额股份，每股面值_____元，股份总额为_____元。

5. _____厂认缴首期股份_____元；_____厂认缴首期股份_____元；_____厂认缴首期股份_____元；公司认缴首期股份为_____元；其余由各厂职工认缴，如不足则由各单位平均分摊，认缴时间期限在___年___月___日前。

6. 公司成立的费用数额_____元，由四个发起单位平均分摊。

7. 关于发起人对设立公司的连带责任。公司发行的股份未能缴足时发起人负连带认缴责任；公司不能成立时，对设立行为所产生的债务和费用由发起人承担；由于发起人的过失致使公司受到损害时，应负赔偿责任。

附：协议书一式_____份，各发起人_____份；各发起人主管单位_____份；_____市体改委_____份，_____市工商行政管理局_____份。

发起人（盖章）：_____厂　　　　发起人（盖章）：_____厂
法定代表人（签字）：_____　　　法定代表人（签字）：_____
___年___月___日　　　　　　　___年___月___日
签订地点：_____　　　　　　　签订地点：_____

发起人（盖章）：_____厂　　　　发起人（盖章）：_____公司
法定代表人（签字）：_____　　　法定代表人（签字）：_____

_____年___月___日　　　　　　　　_____年___月___日

签订地点：_____　　　　　　　签订地点：_____

第二节　股票上市公告书

范例：

（一）债权

依据_____会计师事务所_____会外字（　　）_____号"审计报告书"之内容，本公司截至___年___月___日，债权为_____元，其主要构成为：（略）

（二）债务_____根据_____会计师事务所_____会外字（　　）____号"审计报告书"验证，本公司截至___年___月___日，债务为___元，其主要构成为：（略）

（三）财务承诺和无记录债务_____本公司财务经由_____会计师事务所［_____会外字（　　）_____号文］审计，没有任何其他财务承诺和无记录债务。

（四）公司资料

1. 公司概况（略）

2. 发展简史（略）

3. 公司组织结构（略）

4. 附属企业及联营公司简介（略）

5. 改组发起人简介（略）

6. 董事会及经理室成员简介及本公司职工构成情况（略）

7. 物业及设备等（略）

8. 业务状况（略）

（五）股份运作（略）

（六）本公司历年经营业绩及财务分析资料

1. 近三年来本公司主要经营业绩（略）

2. 近三年来本公司财务分析资料（略）

3. 本公司每股资产净值（略）

（七）发展计划

本公司按照"大商业、大市场、大流通"的思路，制订了如下发展战略：一业为主，以商带工，以工促贸，把公司办成集商业、工业、房地产业、娱乐业四位一体的外向型股份制企业集团。为此，本公司计划：（略）

（八）盈利预测＿＿＿＿＿＿＿＿＿＿经＿＿＿＿＿＿＿＿＿会计师事务所＿＿＿＿＿＿＿会外字（　　）＿＿号文鉴证，无不可预见事情发生，预计：＿＿＿＿＿＿＿＿＿＿＿＿＿年度本公司的税后利润将达＿＿＿＿万元，每股税后盈利为＿＿＿＿＿元。

（九）风险及对策

在本公司的发展计划中，有以下几种风险：

第一是进一步扩大经营规模的风险。在商业竞争激烈的市场条件下，进一步扩大规模，是具有一定的风险的事情。但是，本公司可凭借良好的商誉以及一大批优秀的经营管理人才，运用科学的管理手段和方法，通过不断调整品种结构，不断提高员工素质，不断改善服务质量等方法来控制经营规模扩大可能带来的风险。

第二是经营房地产的风险。房地产业的竞争相当激烈，加之本公司缺乏这方面的专业人才，因而会面临一定的风险。本公司一方面将加紧培养专业人才，另一方面将采取合资经营的形式，聘请中外专业人才，以加强经营管理，减少风险。同时，将采取边建设、边筹款；边建设、边经营的方法，减少投资较大、周期较长带来的风险。

本公司认为优秀的人才是企业的资本，是抵御风险的最好屏障。不断地开拓市场，变守为攻是抵御风险的最好方式。

（十）重大事项（略）

（十一）本公司本着对全体股东和社会各界负责的态度，对社会公众作如下承诺：

1. 严格遵守政府各有关部门、证券交易所、证券经营及管理机构的各项法律、法规和规定。

2. 准确、及时在_____、_____两地公告本公司中期、期末财务及经营业绩报告资料。

3. 董事会、理事会及高级管理人员持股数量发生变化时，及时通报证券管理机关，并适时通过_____、_____两地的传播媒介通告社会公众。

4. 及时、真实地在_____、_____两地披露本公司的重大经营活动信息。

5. 自觉接受证券管理部门的监督和管理，抵制各种不正之风。

6. 通过各种渠道，广泛听取政府、股民、证券管理及经营部门和社会公众对本公司所提的建议、意见和批评。

7. 绝不利用内幕信息和不正当手段从事股票投机交易。

8. 本公司没有无记录负债。

9. 本上市公告书将在_____、_____两地通过新闻媒介向社会公众通告。

（十二）有关当事人及本公司咨询及联络机构（略）

_____股份有限公司（章）　董事长（签名）_____
　　　　　　　　　　　　　　　　_____年_____月_____日

第三节　市场调查报告

（一）市场调查报告的概念

市场调查报告，就是根据市场调查、搜集、记录、整理和分析市场对商品的需求状况以及与此有关的资料文书。换句话说就是用市场经济规律去分析，进行深入细致的调查研究，透过市场现状，揭示市场运行的规律、本质。市场调查报告是市场调查人员以书面形式，反映市场调查内容及工作过程，并提供调查结论和建议的报告。市场调查报告是市场调查研究成果的集中体现，市场调查报告的质量将直接影响到整个市场调查研究工作。一份好的市场调查报告，能给企业的市场经营活动提供有效的导向作用，能为企业的决策提供客观依据。

（二）市场调查报告的写作格式

市场调查报告是没有固定的格式，一般由标题、导言、主体和结尾构成。

1．标题。市场调查报告的标题也就是市场调查的题目，揭示了调查报告的主题，如"××产品滞销的调查报告"等。

2．导言。它是市场调查报告的开头部分，通常是市场调查的基本概况。

3．主体部分。这是市场调查报告的主要内容，是调查报告的重体部分。

4．结尾。对市场调查报告结果的总结，有的市场调查报告还会有附录，一般是调查的统计图等。

（三）市场调查报告的写作技巧

1．实事求是

调查报告要符合事实，引用材料，不可弄虚作假，要用事实来说话。

2．调查资料和观点要统一

市场调查报告要以调查资料为依据，最后得出的观点要和资料一致。

3．突出市场调查目的

编写市场调查报告前，撰写者要明确调查的目的。要知道，任何市场调查都是为了解决问题。

4．语言简明、易懂

调查报告是给人看的，所以语言要简明，通俗易懂，避免生涩、呆板的语言。

（四）范例

一、调查方案

（一）调查目的：通过了解大学生的手机使用情况，为手机销售商和手机制造商提供参考。

（二）调查对象：在校生

（三）调查程序：

1. 设计调查问卷，明确调查方向和内容。

2. 进行网络聊天调查。随机和各大学的学生聊天并让他们填写调查表。

3. 根据回收网络问卷进行分析，具体内容如下：

（1）根据样本的购买场所、价格及牌子、月消费分布状况的均值、方差等分布的数字特征，推断大学生总体手机月消费分布的相应参数；

（2）根据各个同学对手机功能的不同要求，对手机市场进行分析。

二、问卷设计

大学生手机使用情况调查问卷

三、数据分析

根据以上整理的数据，我进行数据分析，得出结论：学生手机市场是个很广阔的具有巨大发展潜力的市场。

（一）根据学生手机市场份额分析

（二）学生消费群的普遍特点

手机市场应该针对不同的学生群体开发产品或进行针对性营销，才能够抢占市场。下面我就来对学生群体的特点来进行分析：

1. 学生消费群的普遍特点：

① 没有经济收入。

② 追逐时尚、崇尚个性化的独特风格，注重个性张扬。

③ 学生基本以集体生活为主，相互间信息交流很快易受同学、朋友的影响。

④ 品牌意识强烈，喜欢名牌产品。

（三）学生消费者购买手机的准则和特点

大学生购买手机主要考虑时尚个性化款式、功能、价格、品牌等，这也成为学生购买手机的四个基本准则。在调查中表明，大学生选择手机时最看重的是手机的外观设计，如形状、大小、厚薄、材料、颜色等，占65%；但大学生也并非一味追求外表漂亮，"内涵"也很重要，所以手机功能也占有一席之位，占50%；大学生还看重价格和品牌。

四、经济预测报告

（一）经济预测报告的概念

经济预测报告是在对一定时期的客观经济活动过程进行深入调查的基础上，运用各种科学方法，对掌握的经济信息加以分析研究后，写出的评估和预测未来经济活动发展状况及变化趋势的报告。

（二）经济预测报告的特点

1. 预测性。经济预测报告多是预测经济活动未来状况的报告，以预测理由、预测结论等为主要内容。

2. 陈述性。经济预测报告常采用报告的形式。

3. 时效性。经济预测报告有很强的时效性，表现在内容的预测性上。

（三）经济预测报告的分类

1. 根据预测范围来讲，可划分为宏观经济预测报告和微观经济预测报告。

2. 根据预测时间来讲，可划分为长、中、短、近期经济预测报告。

3. 根据预测空间来讲，可划分为国际性的经济预测报告、全国性的经济预测报告、地区性的经济预测报告等。

4. 根据预测内容来讲，可划分为市场预测报告、生产预测报告等。

（四）经济预测报告的写作格式

经济预测报告的结构包括标题、正文、结尾三部分。

1. 标题。经济预测报告的标题有很多种，常见的有以下三种形式：

一是完整的标题，这种标题由预测时间、区域、目标、对象构成。二是省略式标题,这种标题可能是只强调某一方面,而不会将四要素全部写全。三是消息式标题,这类标题类似新闻标题,标题中不用"预测"两个字。如"我国彩电生产有多大市场"等。

2. 正文。预测报告正文一般包括三个部分。

(1)前言。一般运用准确、全面的数据,对现状等作出简要的说明,并为下一步预测分析做好铺垫。

(2)分析预测。分析预测是预测报告的重点,这一部分需要有大量的调查资料等,此部分内容较多,在写作时,撰写者一定要精心安排,做到条理清晰,层次分明。

(3)建议。这是预测报告的根本目的,建议要明确,有针对性,有可操作性。

3. 结尾。

很多经济预测报告没有结尾,写完建议后,就结束了全文。有结尾的,结尾回应开头、归纳全文。所以有没有结尾要根据内容来定。

(五)范例

我国彩电 1997 年市场需求预测

一、对于1996年彩电市场的分析

(一)1996年,彩电生产、销售及库存均稳步增长,社会需求结构发生较大变化,大屏幕、高档次彩电渐趋热销。1996年上半年彩电降价刺激了消费,大屏幕彩电需求的大幅增长也带动了彩电市场需求的增长,整个彩电市场需求稳定增长。……

在需求结构方面,21寸彩电在较长时间仍将是我国的主流机型,25寸以上大彩电的销售市场前景看好。……

(二)1996年,彩电行业竞争空前激烈,名牌彩电受人青睐,规模经济优势得到初步体现。1996年对彩电企业来说是极不寻常的一年……

当前我国彩电的生产能力已远远超过实际需求,加上进口彩电的冲击,市场竞争极其激烈,价格和品牌成为竞争的工具和市场制胜的法宝。TC1王牌、创维花费巨资塑造品牌形象,长虹、康佳则挥舞价格武器,它们在1995年的市场竞争中获得了巨大的成功,占据了国内的大部分市场……

(三)1996年,我国彩电配套生产能力和产品自主开发能力进一步得到提高,同时彩电出口继续保持良好的上升势头。近几年,我国彩电行业的自我配套能力逐步增强,彩管及元器件的生产能力进一步加强,尤其在今年,一些彩管企业25寸、29寸大屏幕彩管的大批量生产,使前两年大屏幕彩管完全依赖进口的局面得到了改变……

二、1997年彩电市场需求预测

经过1996年的价格大战后,彩电企业更显强者愈强、弱者愈弱的趋势,大企业市场占有率将进一步提高,但国内市场总需求量不会因此而大幅度提高,所以在供大于求的市场背景下,更多的小企业处境困难。……

三、对我国彩电工业发展的建议:

(一)……

(二)……

(三)……

第五节　经济活动分析报告

(一)经济活动分析报告的概念

经济活动分析报告是金融企业根据会计报表(有按月编报的主表:资产负债表、损益表、财务状况变动表。有按年编报的附表:利润分配表,应收、应付利息情况表,其他应收、应付款项表,递延资产明细表,固定资产明细表。另有在年度报告中附送的财务情况说明书、会计报表附注)计划指标、会计核算、统计资料等数据材料,对经济、金融某一业务领域、某一经营单位的经济活动状况有重点、有针对性地加以分析和考察,对金融企业的财务状况、理财过程和经营成果做出正确评价,为报表使用者决策提供依据的一种书面报告。

(二) 经济活动分析报告的特点

1. 分析性

经济活动分析报告不仅要对各种数据进行分析，还要从不同角度深入分析和比较说明，进而反映一个时期的经济形势，可见分析性是经济活动分析报告的主要特点。

2. 说明性

报告要对所涉及的经济现象等要进行详细说明，并以此揭示经济活动变化规律。

3. 目的性

此类报告的目的在于指出经济活动中存在的得失，进而让经济活动向盈利方向发展。

(三) 经济活动分析报告的分类

1. 按分析时间划分：事前分析报告、事中分析报告、事后分析报告。

2. 按金融业务性质划分：经济、金融形势分析报告、工商企业的经济活动分析报告、银行财务状况的分析报告、银行资金活动的分析报告。

3. 根据内容来划分：宏观分析报告、微观分析报告。

(四) 经济活动分析报告的写作格式

大致包括标题、正文、落款及日期。

1. 标题。有两种形式：报告式标题、论文式标题。

2. 正文。包括基本情况、评估分析、意见或建议。

3. 落款及日期。写单位名称和写作日期。

(五) 范例

××市电力局2005年上半年经济活动分析

半年来，在××的正确领导下，我局的经济态势良好。各种营销经济指标较之去年均有较大幅度的增长，经济效益明显提高，然而由于受各种条件的限制，尤其是受经济环境和买方市场的约束，我局部分经济指标离系统的要求仍有差距，未能达到预期目标。为了更好地总结经验，找出差距，现将我局1～6月份营销活动综合分析如下：

一、上半年各项指标完成情况及分析

（一）购电量

1. 购电量完成情况。

2. 按用电类别分析各类别购电量增减的原因。

（二）购电平均单价

今年1～6月份完成平均电价××元/千瓦时，与去年同期完成××元/千瓦时相比上升了××元/千瓦时。完成内部利润××万元。平均单价虽然较去年同期有较大的提高，但与系统要求仍有很大的差距，主要受用电构成影响，今年1～6月各类用电见下表。（略）

（三）电费收缴完成情况

1～6月实现电费结零，收回陈欠电费13.2万元。电费收缴之所以能月月结零，与工作人员将此项工作作为重中之重、常抓不懈是分不开的。……

（四）节能降损工作

2005年1～6月综合线损率完成24.33%，与去年同期完成的25%相比下降了0.67个百分点。……

二、上半年主要工作

一是狠抓用电管理，大力降低线损。推行了组包线，人包变的管理模式，把线损指标任务到班组，责任到人，…… 二是提高经济效益，普查商业用电。年初以来，我局每月定期组织人员进行用电普查，并把普查情况及时输入电脑，…… 三是…… 四是…… 五是……

三、目前工作中存在的问题和不足

1. ……

2. ……

……

四、下半年工作思路

1. ……

……

××市电力局

×年×月×日

第六节　产销分析报告

（一）产销分析报告的概念

产销分析报告是研究产品生产和销售的一种文体。产销分析报告必须以市场为基础，根据市场的变化结合企业的实际情况对企业的产销进行客观分析。

（二）产销分析报告的写作格式

产销分析报告主要包括以下三部分：

1. 标题。突出中心，抓住关键。

2. 正文。一般由基本情况和产销分析两部分组成。

3. 结尾。结尾要提出正确的建议和意见，并署名和日期。

（三）产销分析报告的写作技巧

1. 明确的针对性

编写产销分析报告，要以市场为导向，明确要解决什么问题，报告的针对性越强，对生产企业的实际参考和指导价值就越大。

2. 重点抓好分析

产销分析报告是面向市场的，如果没有进行科学分析，产销分析报告就没有实质性意义了。

3. 语言简明准确

产销分析报告以叙述、说明为主要表达方式，语言要平实，并做到客观、准确，不可发挥主观感情。

（四）范例

我市肥皂、洗衣粉市场变化特点

2002年，由于受工业生产及价格等因素影响，我市肥皂、洗衣粉价格均比较高，肥皂消费萎缩，洗衣粉销售看好。肥皂市场除本地产"中华"肥皂外，其他均系杂牌，质量低劣、价格高。而洗衣粉市场则商品丰富，除本地产山丹丹洗衣粉外，还有武汉产一枝花加酶、加香超浓缩洗衣粉，沙市产活力28加酶洗衣粉，广东产白猫洗衣粉，均系名优产品，洗涤性快，去污性强，深受群众欢迎。

肥皂市场的不景气和洗衣粉市场的活跃原因有以下几点：

1. 洗衣机家庭拥有量上升，洗衣粉需求增加，肥皂由于用途缺陷，消费日渐减少。

根据对我市300户居民调查得知，2002年我市每百户居民拥有洗衣机90台，洗衣机的拥有量上升，洗衣粉需要量增加。肥皂碱性大，不适合洗涤高档衣物，而随着人民生活水平的提高，人们衣着的用料越来越高档，势必会影响肥皂消费量。另外，多用途的液体洗涤剂和专用洗涤卫生用品不断增销，也影响着肥皂的销量。据对我市300户居民调查得知，2002年我市居民对肥皂消费量较上年下降了49.9%。

2. 价格因素对肥皂、洗衣服销量的影响

近两年来，洗衣服和肥皂价格不断上涨。本地产山丹丹洗衣粉由原来每公斤2.76元上涨到现在的3.96元，上升幅度达43.5%，肥皂也由每条0.84元上涨到1.10元，上升幅度达31%。肥皂、洗衣粉价格上涨影响了市场销售。

3. 生产企业资金紧张

市场疲软波及大部分商品，造成国营企业经济利润下降，结算资金持续受债务链困扰，经营资金紧张，无法在洗衣粉、肥皂商品上投入大量资金，只能勉强维持经营。

4. 生产洗衣粉需要的烷基苯、五钠及硫黄及肥皂使用的猪油等平价原材料不能保证，为维持生产只能议价购进，突破了国家给予的保护性补贴，国营企业也处于微利或无利经营状态，生产因此受影响。

××市城市社会经济调查队
×年×月×日

第七节　质量分析报告

范例：

×公司防静电仿毛华达呢质量分析报告

中国××研究所和××公司色织厂共同研制的新产品——防静电仿毛华达呢已试生产。织物的主要质量指标达到了纺织工业部标准，防静电性能指标明显优于日本工业标准和《静电安全指南》所列举的性能指标。现就试制中的质量问题作如下分析。

一、质量管理体系

××公司色织厂生产系统有纺纱、染纱、准备、织造、整理等主要车间，从纺纱到成品形成了一条较完整的生产线，多年来以外贸出口产品为主，今年为100%出口。2003年，公司出口合格率为××%，2004年1~6月份出口合格率为95%，比去年同期增长了6.01%。公司有一套与生产相适应的质量管理体系，有专职质量管理和检验人员约200人，占全公司在职人数的13.3%。厂长和工程师主抓质量，质量检查科具体负责各车间的产品质量，各生产车间的关键环节均设有质量检查网点。同时，质量检查科派人专职监督和抽查，实行三级检验，并在原来传统的管理基础上引进了先进的全面的质量管理方法，把质量工作同经济责任制结合起来。此外，公司建立了百分考核制，并在中层科室和车间干部中举办了全面质量管理学习班。

二、质量保证措施

为给以后的试产提供依据，公司从原料、原纱一进厂就进行化验、测试，同时，为严格控制保证产品质量，特制定了《防静电新产品质量管理条例》。在新产品试制中，全厂充分发挥车间和职能科室的配合作用和各检测网点的把关作用，同时广泛宣传防静电新产品的意义，激发员工的主人翁责任感。每周定期召开一次质量分析会，预测分析和处理生产中发生的问题。为了及时了解到新产品的质量情况，××纺织科学研究所××总工程师亲访用户，及时把质量信息反馈给色织厂。

三、质量水平分析

（一）下机质量及入库质量（略）

（二）物理指标（略）

（三）染色牢度（略）

（四）防静电性能指标（略）

上述情况说明，本产品的主要指标达到了纺织工业部的标准，防静电性能指标明显优于日本同类产品，具有良好的防静电性能。因此，防静电仿毛华达呢的生产工艺是可行的，试制是成功的，水平是先进的。

四、问题和方向

防静电仿毛华达呢的试制虽然取得了较好的效果，但还存在一些问题。例如，初试时受加工条件和经验的限制，在整理加工的过程中出现了一些色差，没有百分之百地达到预期目标。目前，此问题已找到解决的办法。今后，公司的工作重点是在严把质量关的基础上，加大对产品结构、性能方面的研究，增加产品功能，使之更适应市场需求。

××公司
××××年×月×日

第八节　事故分析报告

范例：

×××事故报告

一、事故简要经过　××。（时间、地点、人、性别、部门、工种、事件经过、伤情结果）

二、事故原因分析　1.直接原因（导致事故发生的直观原因）　①××××××××××。2.间接原因（剔除直观原因以外的因素）　①×××××××××××；②××××××××××。3.主要原因　①×××××××××。②×××××××××××××。……

三、整改防范措施（针对以上各个要因提出对策措施）①××××××××××；②××××××××××；……

四、事故处理结果

①×××××××××××××××××××××××；②×××××××××××××××

第九节　生产成本分析

范例：

××公司电子商务的成本分析报告

一、电子商务的定价目标。网上购物的成本包括上网费、信息费、网上支付、信息安全以及送商品到客户家庭等费用。只有这些费用的总和低于传统方式购物产生的费用，顾客才会乐于采用。此外，商品的外观、质量和送达时间、售后服务等一系列购物操作，一定要能够满足顾客的购物心理，而且这种满足感至少不能低于传统方式购物的度量指标。总的来说，电子商务必须让所有的用户体会到"更快捷、更方便、更价廉"的基本特点，必须满足网上交易用户"放心、满足"的购物心态，这也是电子商务定价的终极目的。

二、电子商务的成本分析。电子商务的成本指客户应用软硬件配置、学习和使用、信息获得、网上支付、信息安全、物流配送、售后服务以及商品在生产和流通过程中所需的费用总和。

（一）技术成本

1. 软、硬件成本；

2. 学习成本；

3. 维护成本等。

（二）安全成本

1. 软、硬件的安装使用；

2. 安全协议规章的学习；

3. 培训；

4. 技术学习等。

（三）配送成本

1. 存储费用；

2. 运输费用；

3. 配送人员的开支等。

（四）客户成本

1. 上网费；

2. 咨询费；

3. 交易成本；

4. 操作学习费用等。

（五）法律成本

1. 网上交易纠纷的司法裁定、司法权限；跨国、跨地区网上交易时，法律的适用性、非歧视性等。

2. 安全与保密、数字签名、授权认证中心（CA）管理。

3. 网络犯罪的法律适用性：包括欺诈、防伪、盗窃、网上证据采集及其有效性。

4. 进出口及关税管理；各种税制。

5. 知识产权保护：包括出版、软件、信息等。

6. 隐私权：包括对个人数据的采集、修改、使用、传播等；

7. 与网上商务有关的标准统一及转换：包括各种编码、数据格式、网络协议等。

（六）风险成本

风险成本是一种隐形成本，成本的形成是由不好确定、不易把握的因素构成的，如网站人才的流失，病毒、黑客的袭击，新技术的迅速发展所导致的硬、软件的更新换代等。

三、问题分析（略）

四、建议与意见（略）

定量分析

正确进行成本分析，关键是定量分析。下面简要介绍一下定量分析的方法。

单位应对各种产品制定标准成本，该标准成本应略低于平时生产的平均成本。该标准成本分别按直接材料、直接人工、变动制造费用、固定制造费用四个项目制定，每一项都分解成两三个因素标准来分别考核。

有了标准成本，月末就可以对成本差异进行分析，方法如下：

1. 直接材料成本差异分为价格差异和数量差异。价格差异=实际数量×（实际价格-标准价格）；数量差异=（实际数量-标准数量）×标准价格；两者相加就是直接材料成本差异。

2. 直接人工成本差异分为工资率差异和人工效率差异。工资率差异=实际工时×(实际工资率-标准工资率);人工效率差异=(实际工时-标准工时)×标准工资率;两者相加就是直接人工成本差异。

3. 变动制造费用差异分为耗费差异和效率差异。耗费差异=实际工时×(变动制造费用实际分配率-变动制造费用标准分配率);效率差异=(实际工时-标准工时)×变动制造费用标准分配率;两者相加就是变动制造费用差异。

4. 固定制造费用差异分为耗费差异、闲置能量差异、效率差异。

耗费差异=固定制造费用实际数-固定制造费用标准分配率×生产能量;闲置能量差异=固定制造费用预算数-实际工时×固定制造费用标准分配率;效率差异=实际工时×固定制造费用标准分配率-标准工时×固定制造费用标准分配率;三者相加就是固定制造费用差异。

第七章　企业工商税务公文

第一节　开业税务登记申请

范例：

税务登记申请书

济宁市税务局任城分局：

　　我们拟成立山东济宁_____有限公司。公司地处济宁市任城经济开发区山博路8号，现租赁沃尔华集团2号厂房，占地面积2074.75平方米，实际使用面积2016平方米，注册资本538万元，投资金额约760万元。生产内容主要是道路养护机械，预计年产量120台。经营方式为组装加工。

　　现任城区工商行政管理局核发了《营业执照》，并同意开业。根据税收法规定，特申请办理开业税务登记，领取税务有关证件，以便及时缴纳税款。

申请人：_____
____年___月___日

第二节　办理企业法人登记的申请

范例：

办理企业法人登记申请

×××行政管理局：

为发展第三产业，搞好商品流通，方便人民生活，安置下岗人员，×××区域已批准成立×××企业。

现将该公司主要情况申报如下：

一、企业地址：×××

二、注册资金：×××万元（人民币）

三、从业人数：×××

四、法定代表人：×××

五、经济性质：

六、经营范围：×××。

七、经营方式：×××现已筹备就绪，拟于2018年4月25日正式开业。

特申请办理企业法人登记注册。请审查核准，予以登记。

附件：×××《关于成立输入公司名称的批复》（×××〔2001〕98号）

×××公司负责人

签字盖章

2018年4月20日

第三节　企业经营范围变更登记申请

（一）企业经营范围变更登记申请的概念

指企业向工商行政管理机构报请并允许其扩大或变更经营范围的书面文书。

（二）企业经营范围变更登记申请的写作格式

其由标题、主送机关、正文、附件、签署五部分组成。

1. 标题。一般采用完全性标题，由申报单位、事由、文体三部分组成，如"××中心工艺大楼经营范围变更登记申请"。

2. 主送机关。指主送原企业经营范围确认的工商行政管理机关。

3. 正文。包括经营范围变更原因，经营范围变更具备的条件，扩大经营项目等，正文结尾用申请的惯用语。

4. 附件。即业务主管部门的批准件。

5. 签署。包括法人签署、法定代表人签署和签署时间。

（三）企业经营范围变更登记申请的范例

利民百货商店关于变更经营范围的登记申请

××市××区工商行政管理局：

我商店原主要经营项目为日用百货，兼营服装、鞋帽。由于本店所处地区近几年陆续升格、扩建、迁建了五所各种类型的大专院校，对文化体育用品的用量较大，为了适应群众对购买商品的需求，考虑到我们又有经营场地、资金和技术人员，故拟增加文化体育用品经营项目，并已报请市商业局批准，现申请办理变更经营范围登记手续，请审查核准，予以变更登记。

××市利民百货商店（盖章）

法定代表人（签字盖章）：×××

第四节　私营企业申请开业登记注册

范例：

私营企业申请开业登记注册表

企业名称：

企业负责人：

行业：

核准日期_____年_____月_____日

中华人民共和国国家工商行政管理局制

1. 申请开业登记事项（申请人填写）（注：分支机构申请开业不填此页）

2. 提交的文件、证件及有关部门意见（申请人提交）

3. 受理、审核企业开业登记意见

（工商行政管理机关填写）

4. 核准企业开业登记事项

（工商行政管理机关填写）

5. 核发营业执照、公告、备案情况

第五节　注册商标注册人地址变更申请书

范例：

注册商标变更注册人地址申请书

国家工商行政管理局商标局：

你局准核的第_____号使用于商品分类表第_____类商品上的_____的商标，因注册人地址由_____变更为_____，现申请变更。

申请人（章）：_____
地址：_____
____年___月___日

第六节　注册商标变更注册人名义申请书

（一）注册商标变更注册人名义申请书的概念

注册商标变更注册人名义申请书是指注册商标所有人请求变更注册人名义并使其具有法律效力的一种文书。

（二）注册商标变更注册人名义申请书的写作格式

1. 标题。一般是由文种名称构成，如"注册商标变更注册人名义申请书"。

2. 受文单位。一般是国家市场监督管理总局商标局，不需任何工商部门核转。

3. 正文。要写清注册商标的号数、名称、原注册人名义、变更注册人名义。

4. 签署。指更正提交人的签名盖章等。

5. 事务性说明。提供各种证据材料和相关事项。

6. 地方工商政府管理部门签署。

（三）范例

变更商标申请人／注册人名义／地址申请书

申请人名称（中文）：

（英文）：

申请人地址（中文）：

（英文）：

是否共有商标：□是　　□否

邮政编码：

联系人：

电话（含地区号）：

传真（含地区号）：

代理组织名称：

商标申请号／注册号：

类别：

变更前名义：

变更前地址：

申请人章戳（签字）：　　　　　　代理组织章戳：

代理人签字：

注：

1. 未委托代理的，不需填写代理项目。

2. 国内申请人不需要填写英文。

3. 收费标准：变更费500元。

4. 共有商标申请变更，需由代表人提出申请，同时视为已经得到其他共有人授权变更。代表人发生变更，填写"变更前名义""变更前地址"，其他共有人名义变更填写变更申请书附页。

5. 共有商标申请变更，在"是否共有商标"一栏选择"是"。

6. 仅申请变更名义的，不需要填写变更前地址；仅申请变更地址的，不需要填写变更前名义。

第七节　企业转让注册商标申请书

范例：

国家市场监督管理总局商标局：

你局核准注册的第_____号使用于商品分类表第_____类商品上的_____商标，因原注册人_____已将其转让给_____，现双方会同申请转让注册。

转让人（章）：

地址：

受让人（章）：

地址：

受让人营业执照号：

受让人经济性质：

____年___月___日

第八节 注销登记申请

范例:

商事登记申请材料真实性承诺书

申请人于_____年_____月_____日向珠海市横琴新区工商行政管理局申请_____（商事主体名称）（□设立登记、□变更登记、□注销登记、□备案）业务。

申请人根据《珠海经济特区商事登记条例》的有关规定，承诺本次所提交的文件、证件和有关附件的申请材料真实、合法、有效，复印文本及电子文档与原件一致，并对因提交虚假文件、证件等申请材料所引发的一切后果承担相应的法律责任。

申请人：（签名或盖章）　　___年___月___日

注：

1. 申请设立登记时，公司的申请人为全体股东；非公司企业法人的申请人为主管部门（出资人）；分公司、非法人分支机构、营业单位的申请人分别为公司、隶属企业；个人独资企业的申请人为投资人；合伙企业的申请人为合伙人；个体工商户的申请人为经营者；农民专业合作社的申请人为全体设立人。

2. 申请变更登记、注销登记、备案时，申请人为本商事主体。

第九节 商标注册申请书

（一）商标注册申请书的概念

商标注册申请书是指在我国境内从事商品生产或经营活动，并依法登记的企业、个体工商户、个人合伙、具有法人资格的企事业单位依《商标法》规定办理的涉外企业，以商标注册申请人的名义，向所在地县级以上的工商行政管理机关提出申请时使用的文书。

（二）商标注册申请书的构成

1. 正件。指商标申请书。

2. 附件。指商标图样等。

3. 基层工商行政管理部门签署。

（三）范例

商标注册申请书（一式两份）

申请人名称：××××××××××××

申请人地址：××××××××××××

是否共同申请：□是　　□否

邮政编码：×××

联 系 人：×××

电话（含地区号）：×××××××

传真（含地区号）：×××××××

代理组织名称：无

商标种类：□一般　□集体　□证明　□立体　□颜色

商标说明：中文"×××"

类别：

商品/服务项目：1.灯；2.照明器械及装置；3.汽车照明设备；（附页：1页）4.水龙头；5.水暖装置；6.地漏；7.装饰喷泉；8.沐浴用设备；9.盥洗盆（卫生设备部件）；10.坐便器（有附页）。

申请人章戳（签字）：

×年×月×日

第十节 变更商标申请书

（一）变更商标申请书的概念

商标变更申请是商标注册变更申请的简称，是依变更注册人名义，地址或其他注册事项为内容而进行的申请。

（二）范例

商标变更申请书

申请人名称：

申请人地址：

邮政编码：

联系人：

电话：

代理机构名称：

商标申请号/注册号：

类别：

需重新制发证书文件：□是 □否

更正事项：

申请人章戳（签字）：

代理人签字：

第八章 企业安全工作公文

第一节 安全工作命令（令）

××分公司：

年初，集团公司第一次全体大会上，把安全工作作为公司各项工作的前提和首要原则，集团公司始终把安全工作摆在各项工作的首位。今年来，根据集团公司领导的部署和要求，加大了对安全工作的监管力度，要求各分公司严格按照指令开展工作。

加强安全宣传、教育工作，在宣传栏刊登安全工作的知识；订阅的各类书刊中，有关安全工作的不少20%。做好员工的安全生产培训工作，并定期进行考核。组织员工学习《安全法》，进行相关普法教育活动。

各分公司必须采取有效措施，落实集团公司关于安全工作的命令，把集团公司的安全工作再上一个新台阶。

××集团公司（印）

20××年9月9日

第二节　安全工作决议

范例：

关于安全及生产管理若干问题的决议

2015年××月××日，公司在二楼会议室举行了由锻造车间班组长以上骨干及一线员工代表参加的总经理办公会议，会议由＿＿＿＿＿＿主持，针对当前安全生产以及生产管理工作中存在的突出问题，分析了危害，提出了改进措施，形成了"安全生产及生产管理若干问题的决议"。

一、强化安全意识。每位员工要进一步增强安全生产意识，严格遵守安全生产的各项规章制度，严格执行岗位操作规范，主动担负起安全生产的主体责任。今后若因不遵守规章制度、不执行操作规程造成了安全事故，我司将实行责任追究制，由班组和个人赔偿经济损失、负责伤者医药费用。

二、加强工具管理。以生产班组为单位配备修理工具箱并配上锁具，做到修理工具下班入箱，由班组长统一保管，不得到处乱扔。未经班组长同意，任何时候、任何人不得随意撬锁掏工具，如有违犯者，一经发现，每次罚款××元。对于可移动的电器设备（如风扇等），工作人员要在下班时拔掉电源插头，把电线整理好；其他不能入箱的大型工具要放在固定的地方，以保持生产现场整洁。

三、认清保底工资。保底工资是公司对每位员工在特定条件下基本收入的庄重承诺，这种承诺是建立在一定含义之上的。根据本公司的实际，必须符合以下情况：

第一、公司没有订单业务；

第二、原材料供不应求；

第三、机械设备大修严重影响了生产。以上任何一种情况的出现而使员工出勤达不到22天以上的，均在执行保底工资的范围内。因此，每位员工必须充分认识"保底"工资绝不是"包票"工资，只有多生产合格的产品才是每位员工增加收入的唯一来源。

四、严肃生产纪律。今后无论白天还是晚上，因为机械故障，不能随意停工停产，一定要全力排除故障，如短时间确实难以排除，须严格履行报告程序：即班组报告生产部，由生产部与机修、电工核准签字方可，必要时生产部要报经总经理批准同意。

五、提高生产效能。我司主要产品价格比十年前还低，这是一个不争的事实。因此，我司要千方百计想办法降低成本，提高劳动生产率。一是要把握好生产中的每一个环节，首先把坯制好，把产品超重的部分减下来。二是抓紧改造设备，尽量减少员工的劳动强度。特别是要改进生产线的设备，力求达到减少生产人员、减轻员工体力、增加员工收入的目的。三是现有机械设施及故障对生产造成直接影响的，要全力抢修，尽快恢复生产。

六、提升产品质量。产品质量不断升级是企业发展的生命线。××产品存在的××间距不足；××槽口过窄；工件厚薄不规则等三个方面的主要问题，由技术部牵头必须尽快解决。

七、注重沟通协调。部门与部门之间的协调一致是公司充满活力的基础。加强与生产一线的沟通融合，是各个主管部门的首要职责，也是检验一个部门负责人能力与水平的重要标尺。今后，总经理将抓全局大事，具体工作靠各部门负责人管理。在沟通协调方面，我司要做好三个方面的工作：一是在方法上以直接沟通和即时沟通为主；在环节上坚持事前沟通、事中沟通；在程序上首先实行部门与部门之间直接沟通；二是由办公室牵头、部门与部门进行沟通；三是对于重大问题进行会议沟通。

八、明确今后任务。目前公司已与××方面签订了××年合同；与海外××方面签订了××年合同。这就是今后的生产任务。

公司希望各个部门、各个车间、各位员工牢固树立"发展才是硬道理"的大局意识，紧紧围绕各个阶段的生产任务，开拓创新、勇于拼搏，利用公司现有的平台，努力打造出属于华广人的一片天地！

此决议自公布之日起实施，在贯彻执行过程中出现的问题和提出的建议，请即时反馈给公司办公室。

×××

×年×月×日

第三节　安全工作通报

范例：

各建筑业企业、建设（房地产）单位、监理公司、区质监站（安监站）、区建管处、有关单位：

20××年1月20日宁波龙湖滟澜海岸工地发生了一起物体击打事件，造成一人死亡。经事故调查组调查分析，这是一起责任事故。近日，区政府已批复了事故调查报告。为认真吸取事故教训，切实落实安全生产责任，加强安全生产监督管理，及时消除安全隐患，有效防范和遏制生产安全事故的发生，现将事故调查处理结果通报如下：

一、事故基本情况

20××年1月20日下午约14时45分，由江苏顺通建设集团有限公司在宁波龙湖滟澜海岸二期2号地块I标段50号楼19层进行承重支模架拆卸作业时，木工班一小工将钢管搬运至19层的卸料平台，由于卸料平台防护不严，操作不当，造成一根钢管从卸料平台孔洞坠落，砸中一名在地面整理脚手片的勤杂工，造成头部受伤致死。

二、事故原因

根据事故调查报告，本起事故的直接原因是卸料平台底板松动，形成孔洞，造成隐患，木工在搬运钢管至卸料平台时，堆放不当，导致钢管从卸料平台的孔洞处坠落，砸中受害者头部，受伤致死。

事故的间接原因是江苏顺通建设有限公司安全生产责任制度不到位，对模板拆除工程安全管理混乱，管理规章制度执行不力。安全教育培训不到位，安全技术交底不到位，施工方案不完善，安全技术措施缺乏，无针对性，拆除、吊装作业过程中未设置警戒线，未指派安全管理人员进行现场监督。对施工现场存在的隐患排查不到位，未及时发现和排查存在的隐患。监理公司管理不到位，未及时督促施工单位消除现场存在的安全隐患。

三、事故处理意见

为认真贯彻落实《建筑法》《安全生产法》《建设工程安全生产管理条例》《关于进一步加强区外建筑业企业承接业务登记备案管理的通知》（仓建〔2010〕64号）和《关于加强区外监理企业进区承接业务登记备案管理的通知》（仓建〔2011〕59号）等有关法律法规和文件的规定，根据事故调查报告的处理建议，对本起事故的责任单位和责任人依法予以处理，现将有关处理决定通报如下：

1. 收回江苏顺通建设有限公司的《建筑业企业进区承接业务登记备案证》，且两年内不得重新登记。并建议上级建设行政主管部门暂扣安全生产许可证。

2. 对于江苏顺通建设有限公司项目经理赵鸿雁，建议上级建设行政主管部门吊销其《项目负责人安全生产考核合格证书》。

3. 收回浙江工程咨询有限公司的《监理企业进区承接业务登记备案证》，且两年内不得重新登记。

第四节　安全工作意见

**新密市超化煤矿有限公司2014年
安　全　工　作　意　见**

矿属各单位：

为确保2014年安全目标顺利实现，促进矿井持续、健康、科学发展，逐步实现矿井本质安全化目标，经研究，特制定2014年安全工作意见，望各单位认真贯彻执行。

一、指导思想

以党的十八大和十八届三中全会精神为指导，我们充分认识到安全工作的重要性，坚守发展决不能以牺牲人的生命为代价的红线，始终把职工的生命安全放在首位。我们始终绷紧安全生产这根弦，在预防和治本上下更大的功夫，开展煤矿安全治本攻坚，创新安全管理，着力构建完善的安全生产长效机制。以法律法规为准绳，增强法规意识，落实科学发展、安全发展思路。坚持抓安全工作，坚持"四真两不怕"原则，牢固树立"零容忍、零工亡"的理念，向"零事故、零隐患、零违章"的目标迈进，进一步完善安全生产责任体系和安全生产管理制度。我们将加大安全基础投入和科技装备投入，坚持"管理、装备、技术、培训、文化并重"的理念。构建全员、全过程、全方位安全管理大格局，全面实施安全质量标准化。我们会让安全生产管理规范化、科学化、程序化，抓好大系统，治理大隐患，突出抓好瓦斯治理、防治水、机电运输安全管理。我们坚持重奖重罚、严格责任追究，为建设安全和谐稳定矿区提供保障，确保顺利实现2014年的安全目标。

二、安全生产目标

矿井无重伤及以上人身伤亡事故；地面单位无轻伤及以上人身伤害事故，争取实现零伤害；杜绝一级非伤亡事故。

三、安全工作重点

继续深入开展安全生产"基础建设年"活动，强化"三基"建设；强化安全生产装备投入、科研投入，大力发展机械化，实现减人增安的目标；强化全面隐患排查治理，使所有隐患得到及时整改或控制；强化业务安保，发挥主管部门的安全职责；强化责任考核，实行重奖重罚；突出抓好大系统、治理大隐患、防范大事故等重点工作，严防重大事故发生。狠抓安全措施落实，严防安全管理的重点工序和环节造假。推行安全风险预控管理体系，转变安全管理模式，创新安全管理方法和手段，促进矿井安全管理工作再上新台阶。

(一)强化安全生产责任落实

矿井是安全生产责任主体,我们要坚守党政同责、一岗双责、齐抓共管的原则。安全生产是"一把手"工程,要严格落实煤矿矿长责任制度,严格落实《煤矿矿长保护矿工生命安全七条规定》,切实保护矿工生命安全。我们要建立健全各级各部门安全生产责任制,构建完整的安全责任保障体系。一要严格落实技术管理责任。各级技术负责人必须保证各项工程要有专门设计,保证安全技术措施到位。二要落实主管和分管责任。分管领导和主管部门要认真落实业务安保责任制。三要落实投入责任。各级第一责任人要保证安全工作需要的装备、资金、人员和精力投入。四要落实监管责任。安全监管部门要严格按照法规要求和公司规定落实监督检查职责。五要严格落实考核责任。我们要建立逐级考核制度,严格按照公司有关规定严格落实考核,实行重奖重罚。六要严格落实责任追究。对没有认真履行安全职责的人员及各类事故的责任人,我们会严格追究其责任。

(二)高度重视瓦斯治理工作,严格落实瓦斯治理措施

我们要加强对防治瓦斯工作的领导,明确矿长和各级一把手对防突和瓦斯治理的第一责任,抓好瓦斯综合治理工作,切实防范重大瓦斯事故发生。根据煤层和瓦斯赋存情况,优化巷道布局,简化生产系统,严格按规定控制采掘工作面和下井人员数量。

(三)发生各类事故的行政处罚

发生各类事故的行政处罚,我们应执行《河南神火集团有限公司生产安全事故责任追究规定》(豫神公司"2011"12号)和《河南神火煤业公司生产安全事故责任追究规定》(豫神煤业"2011"47号)的有关规定。

(四)一级非伤亡事故比照工亡事故处理与考核;二级非伤亡事故比照重伤事故处理与考核。

2014 年 1 月 1 日

第五节　安全工作通知

范例：

关于做好 2015 年安全生产工作的通知

各县（区）人民政府，市直各单位，省属以上企业：

2015年是全面深化改革的关键之年，是全面推进依法治国的开局之年，是"十二五"安全生产规划的收官之年，也是我省开创弊革风清、富民强省新局面的重要一年。为了强化安全生产依法治理工作，减少和防止生产安全事故，现就做好2015年安全生产工作的有关事宜通知如下：

一、指导思想

认真贯彻党的十八大、十八届三中、四中全会及中央和省、市经济工作会议精神，深入落实习近平总书记关于加强安全生产工作的重要指示，切实强化"发展决不能以牺牲人的生命为代价"的红线意识……加快改革创新，深化治理整顿，狠抓预防治本，细之又细、慎之又慎地抓好安全生产各项工作，确保全市安全生产形势持续明显好转并向根本好转转变。

二、工作目标

努力实现安全生产"三杜绝、双下降、一确保"的工作目标，即：杜绝发生重特大事故、关键敏感时期发生事故、连续发生事故……道路交通万车事故死亡率、特种设备万台事故死亡率、10万人口火灾事故死亡率达到全省先进水平。

三、重点工作

（一）依法治理，加强安全生产法治建设

坚持把安全生产工作纳入依法治市的整体战略和工作大局中，大力推进安全生产依法治理。……对社会公众和企业员工举报的企业重大安全隐患、非法违法行为和瞒报迟报事故等情况，一经查实要依法依规严肃处理，并及时奖励举报人。

（二）狠抓落实，完善安全生产责任体系

落实各级党委的领导责任和各级政府的监管责任……加强对属地企业的监督检查。落实各行业主管部门的直接监管责任，建立横向到边、纵向到底、职责明晰的安全监管责任体系，切实抓好本行业领域的安全生产工作。落实安全监管部门的综合监管责任，继续深入推进"知责、履责"活动，加强对同级部门和下级政府的督促指导和监督检查，严格安全生产目标责任考核……

（三）改革创新，健全安全监管体制机制

创新安全监管执法机制，进一步完善和落实《县（区）安全生产工作督查评价制度》，加强对重点县（区）、重点企业的重点监管，强化基层一线执法力度，加快建立安全预防控制体系……

（四）治本攻坚，深化安全生产专项整治

继续深入开展重点行业领域安全生产专项整治，采取针对性措施，下大力气解决存在的突出问题。……

（五）注重预防，建立隐患排查治理体系

加快建立以企业基础信息、隐患自查自报、责任制量化绩效考核三个平台为支撑的隐患排查治理体系，力争在2015年10月底前市、县、企三级联网运行。各类企业要严格落实隐患排查治理主体责任……

（六）着眼长远，夯实安全生产基层基础

进一步加强市、县（区）安委办的力量，配齐配足工作人员；各县（区）要尽快成立安全生产应急救援指挥、职业卫生监管和专职执法机构……

（七）惩教并重，严肃安全生产责任追究

按照"科学严谨、依法依规、实事求是、注重实效"和"四不放过"的原则，严肃查处每一起生产安全事故，严格追究事故单位和相关责任人的责任……

扎实作风，推进安全生产队伍建设

严格遵照"三严三实"的要求，认真执行中央关于改进工作作风的各项规定，进一步加强安监干部队伍的作风建设，切实解决执法不严、作风不实及"查出隐患问题一罚了之、发生事故一停了之、事故查处挂牌督办一挂了之、有关会议一开了之、事故通报一发了之"的问题。……

各县（区）、各部门、各企业要按照本通知的要求，结合各自实际，尽快制定本县（区）、本部门、本企业2015年安全生产的工作思路、工作目标和工作任务，制定保障措施，推进工作落实，促进安全生产形势持续明显好转并向稳定好转、根本好转坚实迈进，为促进全市经济社会发展和社会和谐稳定做出新的、更大的贡献。

阳泉市人民政府
2015年2月10日

第九章　企业常用商务文书

第一节　维权声明

（一）维权声明的概念

一些企事业单位或个人，为了维护自己的合法权益，免受侵权，如财产所有权、商品经营权、商标权、名誉权、肖像权、隐私权、著作权、专利权等，自己或者授权律师事务所，或者授权其利益代理人，充分运用"声明"这一形式，借助一定的媒体（如报刊、电视、网站等）来维权的文书。维权声明有效地扼制了经济、文化等领域中的各种侵权违法行为，保护了公民的合法权益，也在一定程度上促进了社会主义法制建设，稳定了社会秩序，推动了商品经济的健康发展。

（二）维权声明的特点

1. 针对性。维权声明针对侵犯单位或个人，具有针对性。

2. 法律性。维权声明的写作及发布以相关法律为基础，一旦发表，就具有法律效力。

3. 庄重性。维权声明一般理正辞严，这就决定了它的态度是庄严郑重的。

4. 警告性。维权声明是对侵权单位及个人做出必要警示，以使其停止侵权行为。

(三)维权声明的写作格式

一般是由标题、正文和落款三部分组成。

1. 标题。

维权声明的标题有多种拟法,可以直接写"声明"、还可以冠以声明单位,但是"声明"两字是不能省略的。

2. 正文。

维权声明的正文是维权声明的主体及核心。一般按声明缘由、声明事项、声明态度的模式来写。

3. 结尾。

落款应包括发表声明的企业单位领导人或代理人署名,还要标注发此声明的日期。

(四)范例

金科王府西区业主维权声明书

我们是金科王府西府的业主。金科王府东、西区之间的约300米林荫大道,是北京市规划委员会昌平分局批准开发商"北京金科纳帕置业有限公司"代征、代管、代建的市政通道,也是金科开发商承诺金科业主享有路权的唯一小区入口通道。由于纳帕溪谷业主堵路、金科公司不作为,导致金科业主有路不能走、有家不能回。我们现自愿参与,金科王府西区业主的集体维权。我们将在不触犯法律的情况下,采取一切措施,不惜一切代价,通过集体维权的方式,捍卫金科业主对该路段的合法使用权。

我们的唯一诉求就是,走过林荫大道,堂堂正正地回家!

业主签名(手印):_____

业主签名(手印):_____

业主签名(手印):_____

业主签名(手印):_____

____年___月___日

第二节 解除职务声明

范例：

解除职务声明

我公司原副经理×××先生已于2016年2月1日与我公司解除劳动关系，从2002年2月1日起，×××先生与外界的业务均与本公司无关，敬请各关联单位垂注。

广东××实业有限公司
2016年2月1日

第三节 维权公告

范例：

维权公告

河南百农种业有限公司隆重推出高产、稳产国审小麦新品种"百农207"，审定编号：2013010，在河南驻马店、洛阳、三门峡、新乡、焦作、陕西省独家经营，其他任何单位个人未经百农种业授权不得在上述区域经销"百农207"，否则均为侵权或假冒，将予以严厉打击。希望广大农民朋友认准"河南百农种业有限公司"标识。

另河南百农种业有限公司长期经销荣获国家科技进步一等奖的国审小麦品种"百农AK58（矮抗58）"，该品种高产、稳产、抗冻、抗倒，欢迎广大农民朋友惠顾！

联系电话：0373-3040341 刘经理0373-5791558 雷经理0373-5797207

河南百农种业有限公司
×年×月×日

第四节　遗失声明

（一）遗失声明的概念

遗失声明，是一种法律方式，是指自然人或者法人丢失了某些社会性质的证件或者类似的东西时，为了补办，法律上必须先确定遗失者所遗失的证件已经在法律上无效，这个过程就是遗失声明。

（二）遗失声明的内容

包括遗失人名称、遗失时间、遗失原因、遗失的物品、遗失物品的各种具体证号等。

（三）范例

遗失声明

河南利海房地产开发有限公司开发的托斯卡纳小区13、21楼所属〔2010〕郑房管预字第2597号商品房预售许可证丢失，特此声明作废。

河南利海房地产开发有限公司

×年×月×日

第五节　警告信

（一）警告信的概念

警告信是一种严肃的文件，一般是由上级就下级，提点收件者（下级）某些事项、活动或行为操守与组织政策方针涉嫌已经不配合，并要求收件者注意及改正的文件。警告信会明示或暗示，如果被警告的人再出现或不及时修正有关出轨行为，组织当局将会进一步做出处置，如记过、留案底、罚款、开除、其法律行动等。

（二）范例

××先生/小姐：

××被公司发现此行为严重违反公司规章制度，按公司规定，此情况公司可以立即无偿解除劳动关系，但因×××在前期工作表现良好，对此，公司决定给予书面警告，日后如再犯，公司将予立即无偿解除劳动关系。

特发此警告，望以此为戒。

注：警告在即日生效，公司根据日后员工的表现做出解除或保留决定。

人事及行政部：　　　　　　　员工确认：

××年×月×日　　　　　　　日　　　期：

审　　　批：

日　　　期：

第六节　企业质量与服务承诺书

范例：

××镇人民政府：

为了确保食品质量安全，保障人民群众的身体健康和生命安全，本企业特向镇政府郑重承诺：

一、本企业生产的食品符合国家法律、法规和国家标准、行业标准、地方标准的质量安全规定，满足保障身体健康、生命安全的要求。

二、严格按照国家的法律、法规和相关标准的规定组织生产，保证持续满足食品质量安全的环境条件和相应的卫生条件。

三、严格执行原辅材料、食品添加剂和食品包装材料、容器的进货验收制度，核对每批原辅材料检验合格证明，建立原辅材料采购进货台账，严格进货检验制度。

四、严格执行出厂检验制度，产品生产记录、检验记录和销售记录完整齐全，产品批批检验、批批留样，未经检验或检验不合格的产品不出厂销售，售出的产品要具有可追溯性，发生问题要及时召回。

五、不违反国家规定使用或滥用食品添加剂，如果使用添加剂或其他添加物质，将到企业所在地区县质监局备案，并按照《预包装食品标签通则》（gb7718-2016）的要求在产品标签标识中明示添加剂的使用情况。

六、不在食品中掺杂、掺假、以假充真、以次充好、以不合格品冒充合格品；不使用非食品原料、回收原料加工食用植物油；不伪造或者冒用他人厂名、厂址，不伪造或者冒用质量标志。

七、不使用未获证的食品原料、食品添加剂或食品包装容器进行生产加工活动。

八、不超出许可范围生产加工食品。

九、委托或受委托加工食品时，及时到市质监局办理委托加工备案手续。

十、自觉遵守国家的有关法律、法规，倡导行业自律，切实履行企业食品质量安全第一责任人的义务。

承诺单位：

单位法人：

签订时间：_____年___月___日

第七节　法人代表授权委托书

范例：

本授权委托书申明：我_____（姓名）系_____（公司名称）的法定代表人，现授权委托我公司的_____（姓名）为我公司代理人，以本公司的名义前来贵单位_____（办理事件）。代理人在此过程中所签署的一切文件和处理与之有关的一切事务，我们均予以承认。

代理人无转委托权。特此委托。

代理人：_____性别：_____年龄：_____单位：_____

部门：_____职务：_____代理人身份证号码：_____单位名称（盖章）：_____法定代表人（签字）：_____代理人（签字）：_____

日期：___年___月___日

第八节　商业授权委托书

范例：

商业授权委托书

委 托 人：_____

法定代表人：_____

受 托 人：_____

身 份 证 号：_____

委托人因_____事项，委托受托人按照委托人授予的下列权限办理商业特许经营备案登记手续：

权限范围：_____

委托期限：_____

委托人（盖章）

日　　期：_____

第九节　经销商认证资格书

范例：

××认证经销商证书

经"美国××电脑（香港）有限公司××办事处"审批有关的授权申请

后，授权广州××××科技有限公司为××认证经销商，获准于授权期内使用该名义进行商业活动，并享应有待遇及履行应尽的义务。

自授权书签发之日起生效，有效期为2014年1月1日至2015年12月31日。

授权编号：××××

美国××电脑（香港）有限公司

第十章 企业公文处理规范

第一节 公司文件管理制度

范例：

××（集团）有限公司公文管理制度

第一章 总则

第一条 为了实现集团公司公文处理工作的规范化、标准化和制度化，提高公文处理的质量和效率，保证公文的严肃性，根据《国家行政机关公文处理办法》的原则，结合公司实际，特制定本制度。

第二条 公文处理必须做到及时、准确、安全、规范，必须严格执行有关保密法规，确保公司商业秘密的安全。

第三条 公司各部门应当高度重视公文处理工作，遵守本制度并加强对公文处理工作的领导和检查。经常深入实际、调查研究，养成实事求是和认真负责的工作作风，提高公文处理工作的效率和质量。建立收发文记录，发文部门必须填写发文簿，收文部门必须对收到的资料进行收文登记。

第四条 集团行政管理中心是公文处理的归档管理部门，主管公司指导各部门进行公文处理工作，负责公司公文的统一收发、分办、传递、用印、立卷、归档和销毁。

第五条 凡以集团公司名义行文的一切书面文件（含电子文件），均适用本制度。

第二章 公文种类

第六条 公司常用公文种类主要包括：

（一）决定：用于对重要事项作出决策和安排。

（二）意见：用于对重要问题提出见解和处理办法。

（三）通知：用于任免干部，传达上级指示，转发上级和不相隶属有关单位的公文，发布要求各部门办理和有关单位需要周知或者共同执行的事项。

（四）通报：用于表彰先进、批评错误、传达重要精神、交流重要情况。

（五）报告：用于向上级汇报工作、反映情况、答复上级有关单位的询问。

（六）请示：用于向上级或有关单位请求指示、批准。

（七）批复：用于公司回复有关单位的请示。

（八）制度：用于发布公司的规范经营管理等行为的规章制度，用于对特定范围内工作和事务制定具有约束力的行为规范。

（九）函：用于公司与其他不相隶属的单位之间商洽工作、询问和答复问题，向与公司无隶属关系的有关业务主管部门请求批准相关事项等。

（十）会议纪要：用于记载和传达公司内各有关重要会议主要精神和议定的事项。

第七条 公文按照行文方向分为：

上行文：指下级机关向所属上级机关的发文，如请示、报告。

平行文：指平行机关或不相隶属的机关之间的发文，主要是函，也包括一些纪要。

下行文：指上级机关对所属下级机关的发文，如决定、通知、通报、批复等。

第三章 公文格式

第八条 公司公文一般由秘密等级和保密期限、紧急程度、发文单位标识、发文字号、签发人、标题、主送单位、正文、附件说明、成文日期、印章、附注、附件、主题词、抄送单位、印发单位和印发日期等部分组成。

（一）涉及公司商业秘密的公文应当标明密级。其中，"绝密""机密"级公文还应当标明份数序号。

公文按机密程度可分为以下几类：

1. 绝密：指极为重要且不得向无关人员泄露内容的公文。

2. 机密：指次等重要且不能向公司内外无关人员透露的公文。

3. 秘密：指不宜向公司以外人员透露内容的公文。

4. 普通：指非秘密公文。如附有其他调查问卷之类的重要东西，则另当别论。

5. 传阅：指在本公司内部传阅或传达的公文。

（二）紧急文件应根据紧急程度分别标明"特急""急件"。

（三）发文单位标识应当使用发文单位全称或者规范化简称加"文件"二字，用套红大字居中印在公文首页上部。

（四）发文字号应包括公司代字、年份、序号。

（五）上行文应当注明签发人、会签人姓名。其中"请示"应当在附注处注明联系人的姓名和电话。

（六）公文标题应当准确简要地概括公文的主要内容并标明公文种类，一般应当标明发文机关。公文标题中除法规、规章名称加书名号外，一般不使用标点符号。标题用2号方正小标宋简体字居中排布。

（七）正文是公文的主体部分，用3号仿宋体字。

（八）主送单位指公文的主要受理单位，应当使用全称或规范化简称、统称。

（九）抄送单位指除主送单位外需要执行或知晓公文的其他单位，应使用全称或规范化简称、统称。

（十）公文如有附件，应当在正文之后，成文时间之前注明附件序号和名称。应在正文下空一行左空两个字的位置用3号仿宋体字标识。

（十一）成文日期，会议通过的决定、决议等以会议通过日期为准；领导签发的，以领导签发的日期为准；一般信函、传真，以发出日期为准。成文日期要将年月日标全。

（十二）内容不宜对外公开的，应当在文件首页右上角适当位置注明"内部文件"。

（十三）公文除会议纪要以外，应当加盖印章。

（十四）上行文按照上级单位的要求标注主题词。"主题词"用3号黑体字，后标全角冒号，词目用3号黑体字，词目为三个能反应文章内容的词组，词目之间空一个字。

第九条　公文用纸一般采用国际标准A4型（210mm×297mm），左侧装订。张贴的公文用纸大小，根据实际需要确定。

第十条　公文中其他各组成部分的标识规则，按照《国家行政机关公文格式》国家标准执行。

第四章　行文规则

第十一条　行文时注重效用。

第十二条　行文关系根据隶属关系和职权范围确定，一般不得越级请示和报告。

第十三条　上报的公文，应当在首页注明签发人姓名。

第十四条　公司内设部门机构原则上不得对外正式行文，只就一般事务性函行文。

第十五条　"请示"应当一文一事；一般只写一个主送单位，如需同时送其他单位的，应当用抄送形式，但不得抄送其下级单位，"报告"不得夹带请示事项。

第十六条　除集团公司领导直接交办的事项外，不得以公司名义向上级单位领导个人报送"请示""意见"和"报告"。

第五章　文件编号

第十七条　每份文件都必须设置编号，不得重复或遗漏。

（一）红头文件

红头文件的编号按国家公文编号的有关标准执行。

例：××集〔2010〕1号，表示为"××科技（集团）有限公司2010年第1号红头文件"。

（二）会议纪要

按年度顺序编"××会纪〔2×××〕×号"。

（三）其他类型的文件

公司其他文件，根据业务发展和管理的需要，另行确定。

第六章　发文办理

第十八条　发文办理包括拟稿、核稿、签发、缮印、校对、用印、登记、分发、立卷、归档、销毁等程序。

第十九条　拟稿：公文由相关部门负责拟稿，初稿形成后，经相关部门会签；拟稿部门针对会签意见修订，形成正式文稿。草拟公文应当做到：

（一）符合国家的法律、法规及其他有关规定。

（二）情况属实，观点明确，表述准确，结构严谨，条理清楚，直述不曲，字词规范，标点正确，篇幅力求简短。

（三）结构层次序数，第一层为"一"，第二层为"（一）"，第三层为"1"第四层为"（1）"。

（四）引用公文应当先引标题，后引发文字号。应当使用国家法定计量单位。

（五）文内使用非规范化简称，应当先用全称并注明简称。使用国际组织外文名称或其缩写形式，应当在第一次出现时注明准确的中文译名。

（六）公文中的数字，除成文日期、部分结构层次序数和在词、词组、惯用语、缩略语、具有修辞色彩语句中作为词素的数字必须使用汉字外，应当使用阿拉伯数字。

第二十条　核稿：正式文稿经部门负责人审核，交行政管理中心主任复核。

核稿把关的重点：

（一）是否需要行文；

（二）是否符合国家的法律法规和方针政策及有关规定；

（三）涉及多个部门的文件是否已会签；

（四）提出的要求和措施是否明确具体、切实可行；

（五）文字表述、文种使用、公文格式等是否符合本制度的有关规定。

第二十一条　签发：经行政管理中心主任复核后，拟稿部门须规范填写公司行政管理中心统一印制的《发文稿纸》，按权责划分细则规定的授权，报集团领导签发。

第二十二条　对不符合本制度规定的文稿，各级领导和把关部门应当退回重拟。

第二十三条　公文正式印制前，应当重点复核以下内容：审批、签发手续是否完备，附件材料是否齐全，格式是否统一、规范等。

复核后需要对文稿进行实质性修改的，应按本制度规定程序复审。

第二十四条　印制。对文件打印清样进行全面校对无误后方可印制；印件要格式正确、整洁、美观、份数准确。行政管理中心负责红头文件的印制和装订。

第二十五条　用印。

（一）监印人须按规定用印，用印前应当对公文进行全面审核，手续完备方可用印。

（二）印章要盖得清楚端正，印章的位置在成文时间处，整个印模应当压年压月；法人名章在成文时间上方；不得在文件的空白页上盖章。

第二十六条　分发与登记，发文部门按文件签批意见分发文件，并作好发文登记。

第七章　收文管理

第二十七条　行政管理中心负责公司外来文件以及各部门报送公司领导的文件的处理。各部门负责本部门外来文件以及公司下发文件的处理。

第二十八条 收文办理一般包括签收、登记、分发、拟办、批办、承办、督办、立卷、归档、销毁等程序。

第二十九条 签收：收到文件应以签字或盖章的方式给发文单位以凭据。

第三十条 登记：对收文的特征和办理要求进行记载，如标题、发文单位、缓急程度等。

第三十一条 拟办：各部门收到的外来文件，对指名或亲启件原则上直接送收件人；不能明确收件人或重要来件应先汇总至公司行政管理中心，由行政管理中心拆开后据情填写《收文处理签》提出办理意见，送上级领导批阅。

第三十二条 分发：行政管理中心根据领导批示，对来文进行跟进办理，对需要公告的事项，通过会议、公告栏等方式负责传达；对需要传阅的文件送达给相关责任人，并做传阅登记。

对于需要集团领导传阅、批阅的文件，应先送第一应阅人，第一应阅人退回后，再送第二应阅人，由送阅人采取一送一退的办法交领导依次传阅。对于阅知性文件，一般按领导的排列顺序从前往后传阅；对于阅批性文件，则按领导排列顺序从后往前传阅。

第三十三条 承办：各责任部门（责任人）对需要办理的事项应及时进行办理。凡属承办部门职权范围内可以答复的事项，承办部门应当直接答复呈文单位；凡涉及其他部门业务范围的事项，承办部门应当主动与有关部门协商办理；凡须报请上级领导审批的事项，承办部门应当提出处理意见并代拟文稿，一并送请上级领导审批。承办情况与部门或个人绩效考核结合。

第三十四条 督办：行政管理中心有权对承办情况进行督促检查。督办贯穿于签批事项处理的各个环节，根据事项的紧急程度随时或者定期向领导反馈办理情况。

第三十五条 时间控制：各事项在拟办、承办、督办等每一个阶段，均要求办理的时效性；其中，普通件办理控制在48小时内，急件办理控制在24小时内，特急件应立即办理。各责任人应在相应时间范围内向公司领导、行政管理中心反馈办理情况。公文办理时效纳入部门或个人绩效考核。

第八章　公文立卷、归档和销毁

第三十六条　公文办理完毕，承办人或者主管人员应当根据公文立卷、归档的有关规定，将定稿、正本和有关材料整理立卷。

第三十七条　公文立卷，应当以文件的自然形成规律和保持文件之间的历史联系为原则。灵活运用问题、名称、通讯者、时间、作者、地区六个特征和保存价值，进行立卷，使案卷正确地反映公司的主要工作情况，便于保管、查找和使用。

第三十八条　作为正式文件使用时，公文复制件应当加盖复制单位证明章，如正式文件一样被妥善保管存档。

案卷要写标题，填写卷内目录、备考表，确定保管期限，按照有关规定定期向档案部门移交。

第三十九条　没有存档价值和存查必要的公文，可按照公司《档案管理制度》有关规定，经过鉴别和主管领导人批准后销毁。销毁秘密公文，应当进行登记，由公司有关部门人员监销，保证不丢失、不漏销。

第九章　罚则

第四十条　集团各部门在公文办理过程中，均应严格遵守本制度，凡违反本制度的，予以20-200元的处罚。

第四十一条　集团各部门在执行本制度过程中出现差错，给予责任人50元/次的处罚；若造成严重后果，除赔偿经济损失以外，并处罚款200元/次，通报批评直到降职降薪处理。

第十章　附则

第四十二条　本制度由公司行政管理中心负责解释，并修订完善。

第二节　公司档案管理制度

范例：

××公司档案管理制度

第一条　为了规范公司档案管理工作，保证档案的完整性及保密性，理顺工作程序，明确工作职责，杜绝资料流失，特制定本制度。

第二条　档案管理机构及其职责

1. 公司档案工作实行二级管理，一级管理是指公司综合管理部的统筹管理；二级管理是指各部门的档案资料管理工作。

2. 综合管理部档案管理员负责统一收集管理公司所有档案资料，各部门的档案管理员负责管理本部门的档案资料。

3. 档案管理人员要严格执行公司档案管理规定，认真细致地做好档案保管以及使用工作，充分发挥档案资料的作用。

4. 综合管理部档案管理员有责任对二级档案管理工作进行监督和指导，每年对二级档案管理进行一次检查验收。

第三条　归档制度

1. 凡是反映公司战略发展、生产经营、企业管理及工程建设等活动，具有查考使用价值的文件资料均属归档范围。

2. 凡属归档范围的文件资料，均由公司集中统一管理，任何个人不得擅自留存。

3. 归档的文件资料，原则上必须是原件，原件用于报批不能归档或相关部门保留的，综合部保存复印件。

4. 凡公司业务活动中收到的文件、函件承办后都要及时归档；以公司名义发出的文件、函件要留底稿及正文备查。

5. 业务活动中涉及金融财税方面的资料，由财务部保存原件；属于人事方面的资料，由人力资源部保存原件；属于工程建设方面的，由规划建设部保存原件。以上部门应将涉外事务的复印件报综合管理部备案。

6. 由公司对外签订的经济合同，应保留三份原件，综合管理部保存一份，财务部及合同执行（或签订）部门各保存一份。特殊情况只有一份原件时，由综合部保存原件。

7. 在归档范围内的其他资料，由经办人整理后连同有关资料移交综合管理部档案室。部门需要使用的可复印或复制，归档范围外的由各部门自行保管。

第四条　档案保管制度

1. 公司综合管理部设存放档案的专门库房，各部门应根据保存档案数量，设置存放档案的箱柜，并具备防火、防潮、防虫等安全条件。

2. 归档资料要进行登记，编制归档目录。

3. 档案管理员要科学地编制分类法，根据分类法，编制分类目录；根据需要编制专题目录，完善检索工具，以便查找。

4. 档案要分类、分卷装订成册，保管要有条理，主次分明，存放科学。

5. 库存档案必须图物相符，账物相符。

6. 档案管理人员要熟悉所管理的档案资料，了解使用者的需求。

7. 根据有关规定及公司实际情况，确定档案保存期限，每年年终据此进行整理、剔除。

8. 经确定需销毁的档案，由档案管理员编造销毁清册，经公司领导及有关人员会审批准后销毁。销毁的档案清单由档案员永久保存。

9. 严格遵守档案安全保密制度，做好档案流失的防护工作。

10. 凡公司工作人员调离岗位前必须做好资料移交工作，方可办理调动手续。

第五条　档案借阅制度

1. 档案属于公司机密，未经许可不得外借、外传。外单位人员未经公司领导批准不得借阅。

2. 借阅档案资料，须经档案保管部门负责人批准。阅档必须在办公室指定的地方，不得携带外出。需要借出档案的，须经档案保管部门负责人批准。

3. 借阅档案，必须履行登记、签收手续。

4. 借出档案材料的时间不得超过一周，必要时可以续借。过期由档案管理员催还。需要长期借出的，须经分管副总经理批准。

5. 借出档案时，应在借出的档案位置上，放一代替卡，标明卷号、借阅时间、借阅单位或借阅人，以便查阅和催还。

6. 借阅档案资料者必须妥善保管档案资料，不得任意转借或复印、不得拆封、损污文件，归还时保证档案材料完整无损，否则追究当事人责任。

7. 借出档案材料，因保管不慎丢失时，要及时追查，并报告主管部门及时处理。

8. 重要档案、机密档案不得借阅，必须借阅的要经分管副总经理同意，必须外借的，由总经理审批。

第六条 二级档案应根据资料的性质和部门需要，每三年移交一次，必须保留的尽量留复印件，其余资料交综合管理部统一保存。

第七条 本制度从二〇一一年十月一日起执行。

第三节 公司文印管理制度

范例：

文印室管理制度

为使文印室管理工作走上规范化、科学化、制度化轨道，特制定以下管理制度。

一、文印室由秘书科（综合协调部）负责管理，并指定专人负责。

二、文印要做到"准确、规范、及时、安全、保密"，文面要做到"整洁、清晰、工整、美观"，尽量减少错漏，保证行文质量。

三、本单位的文字资料，有打印（复印）必要时方予以打印（复印）。可通过计算机网络传递的或其他不需打印（复印）的文件，一般不予打印（复印）。

四、文印室工作人员必须遵守纪律、坚守岗位。上班时间离开岗位须经科长（主任）批准。

五、非文印室工作人员不经批准不能随便进入文印室。对不经同意擅自进入文印室的人，文印工作人员有权予以拒绝。

六、经同意进入文印室者，须自觉遵守工作秩序，不得随便翻阅打印件和复印件。

七、文印室工作人员必须服从工作安排，讲究工作效率，按时完成文印任务。

八、未经相关领导同意，不准打印、复印与公务无关的文件和资料。

九、文印室工作人员应爱护文印设备，严守操作规程，同时定期对设备进行检查、保养和维修，注意搞好设备的防尘、防潮、防火工作。

十、文印室工作人员应树立严格的保密观念，严格遵守保密制度，不得随意将打印、复印资料中须保密的事项透露给他人，不得截留任何文件。

十一、定期清理、打扫文印室，保持文印室整洁卫生。

第四节　公司文书、档案管理指引

（一）员工内部档案管理

1. 员工内部档案是指在人力资源工作中形成的记录员工在公司的主要经历、学历、培训、社会关系、业务能力、工作状况以及奖惩等个人情况的文件材料。

2. 作为员工社会档案的补充，员工内部档案统一在公司存档，以方便人力资源工作需求，并定期或视情况移交至员工社会档案保管处存档。

3. 员工内部档案保管要求整齐、规范，统一使用1厘米厚度的文书档案盒，按照档案编号摆放。

4. 公司主任及以上和各职能部门主任及以下员工及外派人员内部档案由公司人力资源部负责管理，并建立管理台账。

5. 各分公司主任及以下人员内部档案由各分公司人力资源管理部门负

责管理，并建立管理台账，公司人力资源部对其管理情况进行监督和检查。

6. 员工内部档案管理内容包括档案的建立、归档、转移、查阅、借出及相应台账管理。

（二）员工内部档案建立

员工内部档案自员工入职之日起建立，档案编号与员工代码一致。

（三）员工内部档案归档

1. 归档材料范围

（1）入职档案

a.录用人员审批表、员工基本情况表、身份证复印件、户口本首页和本人页复印件、学历学位证书复印件、岗位职业资格证书复印件、职称证书复印件、与原单位解除劳动合同证明或待业证明或应届毕业生就业协议书原件、入职体检记录表。

b.入职声明、劳动合同、岗位说明书、员工入职审批表。

（2）考核档案包括员工试用期跟踪考核表、转正审批表、转正考核笔试试卷、岗位测试卷、转正考核成绩汇总。

（3）职位档案包括年度工作总结、述职报告、员工调动审批表、关于人员任免或岗位变动的通知发文、工作移交通知单。

（4）培训档案

a.专项培训协议、岗位要求持证复印件。

b.员工入职后取得的学历学位证书复印件、岗位职业资格证书复印件、职称证书复印件。

（5）其他档案

a.员工社会保险新增缴纳证明。

b.员工人事档案委托管理合同。

c.员工各类奖励、处罚记录。

d.用工合同审批表、劳动合同续订书、劳动合同变更书。

e.员工辞职申请、工作移交通知单、解除或终止劳动合同通知单、离职协议书、解除或终止劳动合同证明书。

2. 归档程序

首先对各类员工档案材料进行鉴别，看其是否属于归档范围，是否符合归档的要求；再将新收集的材料及时放入员工内部档案，并在目录上补登材料名称及有关内容。

（四）员工内部档案转移

员工内部档案的转移一般是由工作调动等原因引起的，转移程序如下：

1. 取出应转走的档案，并在档案管理台账上注销。

2. 填写"员工内部档案转移通知单"（一式两份），经转出和转入经办人员签字后，各自保管一份。

3. 在转移中应遵循保密原则，一般通过档案保管人员转递，不能交本人自带。

（五）员工内部档案查阅

1. 相关权限人员可以到员工内部档案管理部门进行查看，无关人员不得查阅档案，员工内部档案管理部门要做好查阅的资格审查及登记工作。

2. 申请查阅人员需填写"员工内部档案查阅申请表"，经部门经理签字，由员工内部档案管理部门经理批准后，交员工内部档案管理人员查阅，并在"员工内部档案查阅登记表"上签字。

（六）员工内部档案借出

1. 相关人员为完成某项人事工作任务，必须将员工内部档案材料原件借出使用时，借出人必须履行严格的借出手续，借出时间原则上不能超过一周，逾期未归还者，续办延长借阅手续，并到期归还。

2. 申请借出员工内部档案材料原件需填写"员工内部档案借出申请表"，经部门经理签字，由员工内部档案管理部门经理批准后，交员工内部档案保管人员办理，并在"员工内部档案借出登记表"上签字，归还时，应及时在"员工内部档案借出登记表"上注销。

（七）员工内部档案保密规定及保存期限

1. 员工内部档案保管人员不得对存档材料进行涂改、变更或销毁，并且严格保密，不得扩散。

2. 公司员工内部档案原则上永久保留，对于已离职人员的内部档案，自员工离职之日起3年后方可销毁。

附件：

1. 员工内部档案管理台账
2. 员工内部档案转移通知单
3. 员工内部档案查阅申请表
4. 员工内部档案查阅登记表
5. 员工内部档案借出申请表
6. 员工内部档案借出登记表

第五节　公司文件收发规定

第一条　为规范公司文件管理工作，提高工作效率，特制订本规定

第二条　文件管理由行政管理中心负责，具体操作为前台文员或综合管理部行政人员

第三条　文件管理内容主要包括

1. 文书类：外来函、电、文（法律文书除外），本公司各种文件、资料等。

2. 邮件类：快件、信件、邮件等。

3. 报刊类：报纸、杂志等。

第四条　邮件类文件的收发

1. 各中心或部门的邮件发件工作，各中心或部门应包装好后，交前台统一发件；各中心或部门的邮件由行政管理中心统一收件，邮递（快递）公司将邮件统一送到公司前台。

2. 前台文员签收文件，做好《文件收发登记表》后，通知各收件人前往前台领取文件。

3. 领取文件时，领件人应在《文件收发登记表》上签字，确认文件没有被拆封，并已领取。

4. 属领导亲启的文件，应交领导亲自拆封。属机要文件（如法律文书等），应由机要人员签收。其他行政信函由公司行政管理中心领导或秘书拆封，已经开口的密件要拒收。

第五条　文书类文件的收发

1. 收发外来函、电、文时，应做好《文件收发登记表》，并附上《文件传阅单》，报行政管理中心领导处理。

2. 本公司外出参会时，开会带回的文件及资料应及时送交档案管理员进行登记编号保管，不得个人保存，由于工作需要需借阅的可复印或借用。

3. 以公司名义发出的文件，应按文稿标准格式拟稿。经行政管理中心核稿，公司总裁批准后，由秘书或前台文员做好《发文登记》后方可发出。

4. 发出的文件，应留好底稿，存档案室备查。

5. 文件收发员应严格执行保密制度。机要文件收发时，要标明文件性质、机密程度、挂号或机密，要封闭严密，严防丢失、泄密、误事。

第六条　公文的阅批与分转

1. 正式文件由行政管理中心领导根据文件内容和性质阅签后，需送领导和承办部门阅办；重要文件或急做应立刻呈送公司总裁阅批后送承办中心或部门阅办。为避免文件积压误事，一般应在当天阅签完。

2. 一般性质的函、电、文、单据等，由前台文员直接通知各相关中心或部门处理。如涉及几个中心或部门会办的文件，应同各单位联系后再分转处理。

第七条

已办理完毕的文件、函电、打印文件底稿等，各中心或部门因工作需要需使用时，应到档案室办理相应的手续。

第八条　报刊类文件的收发

1. 前台文员收到报刊时，应及时将各类报刊分类登记，并通知各中心或部门领取。

2. 公司高层领导的报刊，应及时转送到各办公室，有序、整洁地摆放。前台文员或综合管理部行政人员应定期对报刊进行清理。

3、党报或关于公司相关报道的报刊，应定期存档。

第九条　本规定由行政管理中心负责修订完善并解释

第十条　本规定自颁布之日起施行

第六节　公司收发文处理规定

（一）总则

1. 为加强公司的收发文管理工作，提高收文处理的速度和确保收发文处理的规范性，特制定本管理规定。

2. 本规定适用于公司及各直属部门。

（二）定义

1. 本规定中的收文管理是指对收到的公文进行处理，包括签收、登记、审核、拟办、批办、承办、催办及反馈等程序。

2. 本规定中的内部来文是指收到公司范围内的文件。内部收文内容包括：内部文件、各类报表、计划总结、专项业务审核单等。

3. 本规定中的外部来文是指收到公司范围外部的文件。外部收文内容包括：外部文件、函件等。

4. 本规定中的发文管理是指包括文件的草拟、审核、签发（会签）、复核、用印、分发、文件整理、归档等一系列相互关联、衔接有序的工作。文件是指公司在经营管理过程中形成的具有管理效力和规范体式的文件等。

（三）职责

1. 行政部为收发文管理的归档管理部门，负责收发文管理工作。

2. 行政部对各部门收发文管理的规范性予以监督检查。

3. 各部门在收到交办的来文后应当及时办理，不得延误，推诿，两个工作日内处理完来文。

4. 各业务部门负责文件的起草，应坚持"实事求是，精简高效"的原则，确保文件的格式规范、用词准确。

（四）收文管理

4.1 文件的拟办和批办

（1）签收登记

内、外来文均由行政部负责签收登记；并由行政部填制信息批阅单，注明收文日期、收文编号、发文单位、公文名称等。

（2）收文编号

a.其他来源的收文按收文年份流水号编号。

b.内部文件按文件来源部门简称收文年份流水号编号。

（3）拟办和批办

文件由行政部按规定拟定信息说明及处理建议，按先部门后领导的顺序处理公文。

2. 文件的承办

（1）凡需要承办的来文，行政部须在当天将文件流转给承办部门或分管领导。

（2）承办部门相关人员和分管领导应该对来文认真审阅，并提出明确的意见、建议，签署姓名和日期；行政部应该将这些意见或建议及时呈送对该来文所涉事项有决定权的公司领导，并由该领导签署具体意见、建议或决定。

（3）承办部门一般在两个工作日内完成来文处理；特殊情况确实有困难的，承办部门应及时与行政部及信息报送部门沟通说明。

（4）对不需要承办、也不需要传阅的公文由行政部作存查处理。

（5）文件的催办

a.送领导或者交承办部门处理的来文，行政部要负责催办，做到紧急来文跟踪催办，重要来文重点催办，一般来文定期催办。

b.对在规定时间内没有及时处理，同时没有特殊困难原因的承办部门，由办公室作记录，作为部门月度考核内容之一。

3. 反馈和办复

（1）如果行使决定权的公司领导另行指示或授权相关部门或公司领导跟踪、落实或处理来文所涉事项，行政部须将该指示或授权信息反馈给相关职能部门或公司领导，并由他们签署传阅部门人员意见。

（2）如果行使决定权的公司领导要求反馈来文所涉事项的进展或处理结果，行政部须将该事项的进展或处理结果及时反馈。

（3）行政部应在公司领导作出决定的当天将相关处理意见、建议或决定及时反馈给来文部门或单位。

（4）对于上报的请示类公文，上一级管理组织可以批复、简复、批示等形式的公文回复。对于上报的报告、意见类公文，上一级管理组织应签批明确意见，可以简复的形式回复。对于专项业务审核单，上一级管理组织应签批明确意见。

4. 收文管理的注意事项

（1）对需要传阅涉及保密的来文，不得扩大传阅范围。

（2）所有部门之间一般不得将收到的来文横向传递（除相互沟通外），须经行政部进行流转。

（3）行政部在来文处理时要及时准确，承办部门及领导在公文流转过程中要注意保密和保管。

（4）会议纪要由会议组织部门编写后，行政部按相应要求流转、传阅。

（五）发文管理

文件种类及适用范围

1. 决议是经股东会、董事会、监事会会议讨论通过的重要决策事项。

2. 决定是对重要事项或重大行动作出的安排。

3. 通报是指表彰先进、批评错误、传达重要精神或情况的文书。

4. 通知指要求下一级组织办理和需要周知或共同执行的事项。

5. 公示是对重大人事任命、各类小组成员组建等资格审查情况征求意见的文书，一般用于公司范围内部。

6. 批复是对回复下一级组织的请示事项，对下一级组织上报的价格类、人事类等请示可以以批复形式回复，一般用于公司内部。

7. 质询（问责）是针对具体事件、问题的质询（问责），要求下一级组织作出回复解释等，一般用于公司内部。

8. 简复是批复的一种简单文件形式，对于下一级组织上报的非计划考核类、方案类、规划类等请示，领导可以使用简复形式回复。

9. 批示是指对下一级组织提交的报告、总结、计划等文件的批阅性文件，一般用于公司内部。

10. 请示是向上一级组织请求批示、批准的文书。

11. 报告是向上一级组织汇报工作、反映情况、提出建议、回复上一级组织的询问或要求。

12. 意见是对重要问题提出见解和处理办法的文书。

13. 函是平级部门之间的相互商洽工作，询问和答复问题的文书。主要有商洽函、建议函、质问函、告知函等。

14. 会议纪要是指记载、传达会议情况和议定事项（仅作为内部文件使用）的文书。执行性的会议纪要，必须以决议、决定、通知等形式成文，会议纪要则作为附件。

（六）发文文件格式

1. 文件格式组成：包括秘密等级和保密期限、紧急程度、发文单位标识、发文字号、签发人、标题、主送单位、正文、附件说明、成文日期、印章、附注、附件、主题词、抄送单位、发文单位等部分。

2. 保密文件须在文件右上角加盖保密印鉴，注明密级及保密期限。

3. 发文字号应当包括公司代字、年份、流水号。流水号从"1"开始，表示流水号的实际阿拉伯数字前面无须另加"0"。

（1）以股东会/董事会/监事会名义发文，按公司简称·股东会/董事会/监事会［发文年份］流水号方式编号。

（2）以公司名义发文，按公司简称［发文年份］流水号方式编号。

（3）以部门名义发文，按部门简称［发文年份］流水号方式编号。

4. 文件标题：应当准确简要地概括文件的主要内容并标明文件种类，包括发文单位、事由和文种三部分。文件标题中除法规、规章名称和转发文件加书名号外，一般不用标点符号。

5. 主题词：是文件内容的高度概括，是标题的浓缩，一般用词组表示，最多用四个词组，每个词组不超过4个字。

6. 主送单位：指文件的主要受理对象，受理单位应当使用全称或者规范化简称、统称。主送单位写在正文之前，标题的下面。

7. 抄送单位：指除主送单位外需要执行或知晓文件的其他单位，应先单位后个人。单位应当使用全称或规范化简称、统称，个人直接写姓名，在文件末页下端，于两条等长的平行细实线内书写。

8. 成文日期：以有权签发人签发的日期为准，联合行文以最后签发人的签发日期为准。

9. 落款及印章：文件应当加盖公司印章。

10. 附件：文件附件说明应附在正文后、发文单位前，并注明附件顺序和名称。

11. 附注：文件如有附注（需要说明的其他事项），应当加括号标注。

12. 文件用纸：一般采用国际A4型（210mm×297mm），特殊文种用纸可根据实际需要确定。

13. 文头与页边：文件的各页在印制时，均应在四边留出空白。一般天头宽25毫米，地脚20毫米，订口宽28毫米，翻口宽20毫米。

14. 字体、字号与行间距：按附件规定行文。

15. 页码：文件应标明页码，在每页的中间标出第x页、共y页。

16. 装订：文件左上侧装订，不掉页。

（七）发文程序

1. 拟稿：公司或所属部门因工作需要以公司或所属部门名义发文的，由业务经办人草拟发文稿。

2. 初审：由业务经办人发送电子文稿给行政部，由同级行政部确定附件材料是否齐全，格式是否统一、规范等，并编制统一的"发文会签单"。

3. 文件会签：发文会签单先由拟稿人、拟稿部门签署意见，发文内容涉及其他部门的，应由行政部提出会签意见，对有关部门提出的意见，发文部门应与其协商，如意见不一致应如实反映，最终由签发领导定稿。文件会签由行政部负责流转。

4. 文件签发：以公司名义发文由公司总经理签发；以部门名义发文由公司总经理授权分管副总经理签发。

5. 文件签收：经有权签发人签发的文件，通过网络或书面形式送达相关部门、人员。以书面形式发布的，行政部应做好签收登记。

6. 印章：有权领导在发文会签单上签批后，业务部门将文件正式稿送行政部，根据《印信管理规定》办理手续后加盖相应的印鉴后送有关单位。

7. 文件归档及管理：

（1）文件签发完毕后，签发的文件、发文会签单及会签稿由行政部统一收发、传阅、用印、归档和销毁。

（2）文件归档时，应保证文件不少于一份，便于备份查阅。文件翻印需经行政部负责人或业务经办部门负责人批准，注明不准翻印的文件除外。

（3）归档范围内的文件，应当根据其相互联系、特征和保存价值大小等整理，要保证归档文件的齐全、完整，便于保管和查找使用。

（4）拟制、修改和签批文件，书写及所用纸张和字迹材料必须符合存档要求。热敏纸传真件不得直接作为文件归档，应将复印件存档。

（5）文件若被撤销，视作自撤销之日起不产生效力；文件被废止，视作自废止之日起不产生效力。

（6）需要归档的文件整理后按《档案管理规定》移交行政部存档。

（八）发文行文规定

1. 行文确实有必要，注重效用。

2. 行文关系根据隶属关系和职权范围确定，不得越级请示和报告。

3. 对外单位的重要发文，可以另行抄送公司股东范围内的相关公司。

4. "请示"应当一文一事；一般只写一个主送单位，需要同时送其他单位的，应当用抄送形式，但不得抄送同级和下级单位。

5. 下一级组织内部行文或下行文，可以抄送的形式送上一级组织阅知、备案。

6. 文件中的数字，除发文编号、统计表、计划表、序号、百分比、专用术语和其他必须用阿拉伯数码外，均用汉字书写。在同一文件中，数字的使用应前后一致。

（九）附则

1. 本规定由行政部负责解释及修改。

2. 本规定自下发之日起执行。

第七节 公司收发文管理办法

范例：

某公司收发文管理办法

第一章 总则

第一条 为规范四川宏华石油设备有限公司（以下简称"宏华公司""公司"）公文处理工作，提高行文质量和公文运行效率，依据国务院发布的《国家行政机关公文处理办法》，结合公司实际，特制定本办法。

第二条 子公司可根据本企业实际，参照执行本管理办法。

第三条 公司公文是用来沟通、协调和处理上下左右之间关系，办理公司各项公务的具有法定效力的公务文书。具体用于发布公司规章制度、管理办法，施行行政管理措施；请求和答复问题；指导、布置和商洽工作。

第四条　公文处理工作必须严格执行国家及公司的有关保密规定，确保公司秘密的安全。

第五条　宏华公司办公室负责公司本部公文处理工作，包括公文的草拟、印制、审核、收发、传递、督办、立卷、归档、销毁等，并对宏华公司各成员企业的公文处理及宏华公司各职能部门的公文草拟工作进行业务指导。

第六条　董事会秘书办服务于董事会，主要处理股东大会决议、董事会决议、上市公司公告，信息披露等事项，办公室予以协助。

第二章　公司发文处理

第七条　发文处理：发文程序包括拟稿、审核、签发、复核、打印、用印、分发、存档等。

第八条　公文拟稿：一般公文按照分工负责的原则和日常工作程序，即谁主管的事项由谁拟办，带有政策性、战略性、全局性的重要文件，可由有关负责人亲自拟办，也可以集体研究，提出方案后再指定专人拟办。草拟公文应附相应的办文依据，根据来文拟办的公文，应附来文及办公室文件处理单等；根据领导批示草拟的公文，应附有关领导批示，根据会议议定事项草拟的公文，应附有关会议纪要，因工作需要主动办理的公文，必要时应附简要说明。

第九条　公文审核：公文审核实行分级负责制，主办部门负责人要对本部门拟定的公文进行初审并签字，凡公司发文应由办公室审核后送公司领导审签，部门发文也应由办公室审核。

审核内容包括有无发文的必要；用什么名义和文种行文；内容是否符合政策、法规；主送机关、抄送机关是否合适；提出的措施和要求是否明确具体；涉及有关部门和单位的问题是否协商一致；篇章结构是否紧凑合理，行文是否恰当等。

未经办公室核稿的公司级公文，公司领导不予签发。

第十条　签发：以公司名义发出的公文由董事长、总经理、副总经理、财务总监按照分工负责的原则签发，其中上行文以及涉及有关重要问题或涉及面广的公文由有关分管领导审签后，根据公司章程的规定权限送董事长或总经理签发。以部门名义发出的公文，应由部门主要负责人签发。

签发人审核修改后在"签发"栏内签批"发"，并签上姓名和时间，姓名应写全称。未经公司领导签发或口头同意的公文，办公室应拒绝承印和盖章。公司领导口头同意印发的公文，事后由秘书人员让该领导补签。

第十一条　复核：文稿经董事长或总经理签发后，由文件主办部门负责校对，办公室负责审核。

第十二条　打印：公文必须依据签发的文稿打印，其内容必须与文稿一致，不得在打印过程中擅自增加或减少原文内容。没有特殊情况，当天签发的公文，当天印发。

打印文稿清样必须认真校对，保证不出现错漏现象。若发现原稿中有错漏、疑问之处，应向拟稿人或签发人提出检查核对，由签发人考虑改定，校对人员不得擅自修改。

第十三条　用印：经审核履行正常公文审批程序，复核无误的文稿打印成正式文件后，由办公室专职人员在文件落款部位盖章。

第十四条　分发：办公室根据文件报、送、发的范围，负责将文件分发至相关单位、部门或个人。无特殊情况，收发人员必须做到当天印制的公文，当天送达，并认真履行发文登记手续。

第十五条　存档：要留下领导签字的稿本和两份正本交档案室立卷存档。

第十六条　公文处理人员必须严格遵守各项保密制度，对所经手的各类公文、资料要妥善管理，不失密，不泄密，确保安全无事故。

第三章　公司收文处理

第十七条　收文处理：收文程序包括签收、登记、拟办、批办、承办、催办、存档等。

第十八条　签收：办公室在收到有关单位文件时，应在对方文件签收本上签名，表明文件已经收到。办公室每天应及时查收公司信件、邮箱及传真。以公司为收件人的信件应由办公室拆封，注明绝密、机密的信件由办公室主任拆封，以公司领导为收件人的信件由领导本人处理，以部门为收件人的信件由部门拆封。

第十九条　登记：在收到外来文件后，收文部门根据文种及发文时间顺序进行编号、登记，并在文件的前面贴附《文件处理单》，详细填写其中的"来文单位""来文字号""文件主题"等内容。

第二十条　拟办：提交办公室主任提出拟办意见。

第二十一条　批办：根据拟办意见送交分管领导签署阅批意见或送有关部门阅办。

第二十二条　承办：办公室根据分管领导的批示意见，登记在《公司领导批办文件登记簿》上，并根据批办意见，及时送交承办部门签收。跨部门的，执行会签程序在《文件处理单》上依次签署意见。

承办部门根据公司领导对收文的批办意见，尽快办理、落实文件内容。办理完毕后，填写办理结果反馈单，及时送交办公室，由办公室负责向批办领导反馈。属联合承办的文件，主办部门应主动做好协调工作，协办部门则要积极配合，力戒互相推诿。

第二十三条　催办：承办人办理期间，办公室应及时催办，提醒领导和相关人员尽快阅处，保证领导批办文件的限期落实，提高办事效率。

第二十四条　存档：承办事项办结之后，应当根据《中华人民共和国档案法》和有关规定，办公室要及时将公文拟文纸、正本和有关材料整理立卷。

第四章　公文的归档

第二十五条　公文复制件作为正式文件使用时，应当加盖复制单位证明章，视为正式文件妥善保管。

第二十六条　各部门要有专人负责管理公文，对公司领导批办的文件、直接到部门的外来文件要妥善保管，承办完毕后及时送交办公室归档，部门确需暂存，可暂存文件复印件。

第二十七条　没有归档和保存价值的公文，经鉴别和主管负责人批准，可以定期销毁。

第四章 附则

第二十八条 除重要公文和有特殊要求的外，可充分借助办公自动化系统推进无纸化办公，提高效率，减少浪费。

第二十九条 本制度由宏华公司办公室负责制订、修改并解释。此前宏华公司的相关管理规定，凡与本制度有抵触的，均依照本制度执行。

第三十条 本制度未尽事宜，皆按照国家有关法律、法规和公司的有关规定执行。

第三十一条 本制度经宏华公司总经理办公会审议通过后生效实施。

第八节 公司国内外传真收发管理办法

（一）总则

1. 制定目的

（1）将本公司内使用传真机处理国内外各种文件或资料作业制度化、节制化、效率化。

（2）促使本公司国内外传真之收发业务顺畅推行。

2. 适用范围 凡隶属本公司内之员工及经主管认可使用传真机之外宾传递文件或资料时，均依本办法管理。

3. 权责单位

（1）管理部负责本办法制定、修改、废止之起草工作。

（2）总经理负责本办法制定、修改、废止之核准。

（二）发文管理

1. 发文时间

发文时间原则上为上班时间，急件发文特殊处理。

2. 发文手续

（1）申请人事先填具《传真发文申请单》，经单位主管核准后连同文件交总务科人员（或传真机管理人）发送。

（2）总务科人员（或传真机管理人）发送后，于《传真发文登记簿》上登录有关事项，并经申请人签认后，由申请人领回原稿文件。

3. 收文手续　总务科人员（或传真机管理人）收到来文时，须先于《传真收文登记簿》上登录有关资料后，再通知收文者领取文件并签认收讫。

4. 传真收发注意事项

（1）传出文件如为一般信函时，应使用本公司传真专用信函格式。

（2）传出文件如为一般资料时，传真首页也须以传真专用之信函格式。

（3）传出文件如为承接设计稿、产品广告等时，其格式应先经企划部美编设计人员确认无误后方可发出。

（4）本公司传出文件上均须注明：

a.本公司地址、电话（传真号码）、E-mail、网址等联系方式，对国外传真件须加注英文。

b.传真人之部门、职称、姓名等。

c.传真人之公司全称（非简称）、部门、职称、姓名等。

d.传真主旨。

e.传真内容。

f.备注事项。

（5）传真之使用须依下列原则：

a.先考虑时效性。

b.其次考虑经济性。

c.再考虑方便性。

（6）传真机专用电话线严禁作为一般电话使用。

（7）收件未经登记严禁取用。

（8）严禁传送本公司机密文件、资料、图样。

（三）附件　略

第十一章　企业公文管理制度

第一节　公司文书管理制度

第一章　总则

第一条　为提高办文速度和发文质量，充分发挥文件在各项工作中的指导作用，特制定本制度。

第二条　文件管理内容主要包括：上级函、电、来文，同级函、电、来文，公司上报下发的各种文件、资料。

第三条　公司各类文件由总裁办管理。

第二章　收文管理

第四条　公文的签收

1. 凡来公司公启文件（除公司领导订启的外）均由公司收发员登记签收（由上级或邮电局机要通讯员直送公司的机要文件除外）后交总裁办机要秘书拆封。在签收和拆封时，收发员和机要秘书均需注意检查封口和邮戳。对开口和邮票撕毁函件应查明原因，对开口的密件和邮票被撕的国外信函应拒绝签收。

2. 对上级机要部门发来的文件，要进行信封、文件、文号、机要编号的"四对口"核定，如果其中一项不对口，应立即报告上级机要部门，并登记差错文件的文号。

第五条　公文的编号保管

1. 总裁办机要秘书对上级来文拆封后应及时附上"文件处理传阅单",并分类登记编号、保管。须由公司承办或归档的公司领导亲启文件,公司领导启封后,也应交总裁办。

2. 本公司外出人员开会带回的文件及资料,应及时送交总裁办机要秘书进行登记编号保管,不得个人保存。

第六条 公文的阅批与分转

1. 正式文件需由总裁办主任根据文件内容和性质阅签,后由机要秘书分送承办部门阅办,重要文件应在文件处理传阅单上提出拟办意见后,呈送公司总裁(或分管副总裁)亲自阅批后分送承办部门阅办。为避免文件积压误事,一般应在当天阅签完,紧急文件要即阅即办。

2. 对于一般函、电、单据等,总裁办机要秘书可直接分转处理。如涉及几个部门会办的文件,应同主办部门联系后再分转处理。

3. 为加速文件运转,机要秘书应在当天或第二天将文件送到公司领导和承办部门,如关系到两个以上业务部门,应按批示次序依次传阅,最迟不得超过2天(特殊情况除外)。

第七条 文件的传阅与催办

1. 传阅文件应严格遵守传阅范围和保密规定,不得将有密级的文件带回家、宿舍或公共场所,不得将文件转借其他人阅看,对尚未传达的文件不得向外泄露内容。

2. 文件发放及传阅时须在签收单、传阅单上签字确认。签收时可在原件上由收件人背签,背签后直接放入文件夹存档备查。

3. 阅读文件应抓紧时间,当天阅完后应在下班前将文件交总裁办,阅批文件一般不得超过2天,阅后应签名以示负责。如有领导批示、拟办意见,总裁办应责成有关部门和人员按文件所提要求和领导批示办理有关事宜。

4. 阅文时不得抄录全文,不得任意取走文件夹内任何文件及附件,如确系工作需要,要办理借阅手续,以防止丢失泄密。

5. 文件阅完后,应送交总裁办机要秘书,切忌横传。

6. 总裁办机要秘书对文件负有催办检查督促的责任，承办部门接到文件、函电应立即指定专人办理。不得将文件压放分散，如需备查，应按照有关保密规定，并征得总裁办同意后，予以复印或摘抄，原件应及时归档周转。

第三章 发文管理

第八条 发文的规定

1. 公司上报下发正式文件的权力集中于总裁办，各部门及子公司一律不得自行向上、向下发送正式文件。

2. 各部门及子公司需要向上反映、汇报重要情况或向下安排布置重要工作要求发文，应向公司总裁办提出发文申请，并将文件底稿交总裁办审核。经分管副总审批同意后可发文，由总裁办统一编号。

3. 对公司影响较大，涉及两个以上公司领导分管范围的文件，须由总经理批准签发。其余文件均由分管副总批准签发。

第九条 发文的范围

1. 凡是以公司名义发出的文件、通告、决定、决议、请示报告、编写的会议纪要和会议简报，均属发文范围。

2. 公司下发文件主要用于：

（1）公布公司规章制度；

（2）转发上级文件或根据上级文件精神制定的公司文件；

（3）公布公司体制机构变动或干部任免事项；

（4）公布公司的重大生产、技术、经营管理、生活福利等工作的决定；

（5）发布有关奖惩的决定和通报；

（6）其他有关全公司的重大事项。

3. 公司上行文、外发文主要用于：

（1）对上级机关呈报请示报告、处理决定等；

（2）同相关单位联系有关公司重大生产、技术、人事劳资、物资供应、科研、基建、经营管理等事宜。

4. 在公司日常生产、技术、经营管理中，有关图纸、技术文件、工艺修改、审批工作、安排部署传达上级指示等事项，应按有关制度办理，经分管副总批准后，由相关部门书面或口头通知执行，一般不用公司文件发布。

5. 公司各部门召开专题会议所作的决定，一般都不应发文，不备查考，可以部门名义用《工作简讯》发会议纪要。

6. 各部门与外单位发生的一般业务联系，可用部门的名义对外发函（应各自编号备查），不用公司名义发文。

第四章　发文程序与要求

第十条　发文程序规定

1. 各单位需要发文，应事先向总裁办提出申请，并填写发文申请单。

2. 总裁办提请相关副总同意发文时，主办单位应以国家法令、上级指示或工作实际需要草拟文件初稿。

3. 草拟文稿必须从公司角度出发，做到情况属实、观点鲜明、条理清楚、层次分明、文字简练、标点符号正确、书写工整，严禁使用铅笔、圆珠笔、红墨水和彩笔书写。

4. 文稿拟就后，拟稿人应填附发文稿纸首页，详细写明文件标题、发送范围、印刷份数、拟稿单位与拟稿人，并签名、盖章、标定日期和密级。

5. 总裁办应根据公司的要求和上级有关指示精神、有关文件规定，对文稿进行审查和修改。对涂改不清、文字错漏严重、内容不妥、格式不符的文稿应退回拟稿单位重新拟稿。

6. 经总裁办审查修改后的文稿，送部门主管领导核稿（对文稿内容、质量负责）。

7. 对审核时修改较多，有碍打印和存档的文稿，应由拟稿部门重新誊写清楚。

8. 需经会签的文稿，应在交付打印前送会签部门会签。

9. 文稿审核会签后，按批准权限的规定呈送公司领导审定批准签名。

10. 文件打字后，由总裁办派专人按数印刷，再由总裁办机要秘书分发并检查落实情况，对印刷质量不好的文件，机要秘书应拒绝盖印分发。

第五章　文件的借阅和清退

第十一条　各部门有关工作人员因工作，需要借阅一般文件，需经本部门负责人签写便条，对有密级的文件须由总裁办主任同意后方可借阅。

第十二条　借阅文件应严格履行借阅登记手续，就地阅看，按时归还。任何人不得将文件带走或全文抄录，不允许拆卷和在文件上勾画等。

第十三条　总裁办机要秘书对承办的公文应抓紧催办，应定期对事情已经办妥的本公司文件和上级要求限期清退的文件，进行收缴清退工作。（一般为月底一小清，季末一中清，年终一总清。）如发现文件丢失，必须及时查明原因和责任者，并如实向领导报告。

第十四条　各部门应指定一位责任心强的同志负责文件收发、保管、保密、催办检查工作。

第六章　文件的立卷与归档

第十五条　文件的归档范围

1. 凡下列文件统一由总裁办负责归档：

（1）上级机关来文，包括上级对公司报告、申请的批复。

（2）公司发出的报告、指示、决定、决议、通报、纪要、重要通知、工作总结、领导发言和生产经营工作的各类计划统计、季度、年度报表等。

（3）总经理办公会、公司例会、中层干部会以及各种专业例会会议纪要。

（4）公司组织召开的代表大会所形成的报告、总结、决议、发言、简报等。

（5）参加上级召开的各种会议带回的文件、资料及公司在会上汇报的发言材料等。

（6）上级机关领导同志来公司检查、视察工作的报告、指示记录，以及公司向上级进行汇报的提纲和材料。

（7）反映公司生产、经营活动、先进人物事迹及公司领导工作等的音像摄制品。

（8）公司日志和大事记。

（9）公司向上级请示批复的文件及上报的有关材料。

2. 各部门及子公司日常工作中形成的活动资料，由各部门、子公司负责立卷归档。

第十六条　立卷要求

1. 文件立卷应按照内容、名称、作者、时间顺序，分门别类地进行整理归档。

2. 立卷时，要求把文件的批复、正本、底稿、主件、附件收集齐全，保持文件材料的完整性。

3. 要坚持平时立卷与年终立卷归档相结合的原则。重要工作、重要会议形成的文件材料，要及时立卷归档。

第七章　文件的销毁

第十七条　对于多余、重复、过时和无保存价值的文件，总裁办应定期清理造册，并按上级有关规定，办理申请销毁手续。

第十八条　经审核同意销毁的文件，应派专车由总裁办机要秘书和总裁办主任或指定的其他人护送到上级机关指定的纸厂监视销毁。

第二节　公司文书立卷归档制度

（一）总则

为规范本公司文书立卷工作，加强公司档案管理，特制定本制度。

（二）适用范围

本制度适用于公司在生产经营活动中形成的各种有保存价值的文字材料。

（三）管理部门

1. 文书结案后，原稿由办公室归档，经办部门根据实际需要留存影印本。

2. 公司档案分类目录及编号原则，由公司办公部门统一制定。

（四）文件点收

文书结案后移送归档时，应根据如下原则进行点收。

1. 检查文件的文本及附件是否完整，如有短缺，立即追查归档。
2. 如要抽查文件，应有管理部门主管的签认。
3. 文件的处理手续必须完备，如有遗漏，应立即退回经办部门。
4. 与本案无关的文件或不应随案归档的文件，应退回经办部门。

（五）文件整理

点收文件后，应对文件按照以下方式进行整理：

1. 中文直写文件以右方装订为原则，中文横写或外文文件则以左方装订为原则。
2. 右方装订文件及其附件均应对准右上角，左方装订文件则对准左上角，对齐钉牢。
3. 文件如有皱褶、破损、参差不齐等情形，应先补整、裁切、折叠，使其整齐划一。

（六）档案分类

1. 档案分类应视其内容、部门组织、业务项目等，按部门、大类、小类三级分类。先按部门区分，然后依档案性质分为若干大类，之后在同类中依序分为若干小类。
2. 档案分类应力求实用。如果三级分类不够用，须在第三级之后增设第四级"细类"。
3. 同一小类（或细类）的档案以装订在同一个档夹为原则。如档案较多，一个档夹不够用，可用两个以上的档类装订，并于小类（或细类）之后增设"卷次"编号，以便查找。
4. 每一个档夹的封面内首页应设"目次表"，档案归档时依序编号登记，并以每案一个"目次"编号为原则。
5. 档号的表示方式为：$A_1A_2-B_1B_2C_1C_2D_1-E_1E_2$；其中，$A_1A_2$ 为经办部门代号，B_1B_2 为大类号，C_1C_2 为小类号，D_1 为档案卷次，E_1E_2 为档案目次。

（七）档案名称及编号

1. 档案各级分类应赋予统一名称，其名称应简明扼要，以充分显示档案内容性质为原则，并且要有一定的范畴，不能笼统含糊。

2. 各级分类、卷次及目次的编号，均以十进位阿拉伯数字表示，其位数视档案多少及增长情形斟酌而定。

3. 档案分类的各级名称确定后，应编制"档案分类编号表"，将所有分类的各级名称及其代表数字编号，依照一定顺序依次排列，以便查阅。

4. 档案分类的各级编号内应预留若干空当，以备将来组织扩大规模或业务增多时，随时增补。

5. 档案分类的各级名称及其代表数字一经确定，不宜任意修改。如确有修改必要，应事先审查讨论，并拟订"新旧档案分类编号对照表"，以免混淆。

（八）档号编订

1. 对于新档案，应从"档案分类编号表"中查明该档案所属类别及其卷次、目次顺序，以此编列档案号。

2. 档案如需归属前案，应查明前案的档案号并以同号编列。

3. 档案号以一案一号为原则，如有一档案叙述数事或一案归入多类者，应先确定其主要类别，再编列档案号。

4. 档案号应自左向右编列，右方装订的档案，应将档案号填在档案首页的左上角，左方装订的则填于右上角。

（九）档案整理

1. 依照目次号顺序以活页方式将归档文件装订于相关类别的档夹内，并视实际需要使用"见出纸"注明目次号码，以便查阅。

2. 档夹的背脊应标明档夹内所含档案的分类编号及名称，以便查阅。

（十）保存期限

文件保存期限除政府有关法令或本公司的特定规章外，依下列规定办理。（略）

（十一）本制度自公布之日起实行。

××科技股份有限公司 总经办

××××年××月××日

第三节　公司文档销毁工作规范

范例：

档案鉴定销毁工作规定

所属各单位、机关各部门：

根据《档案法》和中煤集团有关档案管理要求，为进一步提高公司档案管理质量，加强档案的科学管理工作，做到有重点地保存档案，有效地使用档案，经公司研究决定，成立档案鉴定小组。现将有关事宜通知如下：

一、成立档案鉴定小组

组长：公司领导　副组长：副总师、办公室主任、副主任　成员：各部门负责人、档案专（兼）职人员。

鉴定小组职责：负责档案鉴定、销毁和审批工作。办公室负责具体组织实施档案鉴定销毁工作。档案鉴定小组负责鉴定符合销毁条件的档案。

二、档案鉴定销毁范围及鉴定原则

（一）鉴定销毁档案范围。

1. 保管期限已满的档案。

2. 无保存使用价值的报废并已拆除设备以及关停、报废并已拆除机组档案。

3. 档案室已有一套正本，剩余多收的资料。

（二）鉴定档案的原则。

1. 鉴定档案本着"充分利用原卷，一般不拆卷重整，保管期限就高不就低"的原则，采取直接鉴定法。逐卷逐件审查卷内文件，切忌只看案卷标题而不审查卷内文件。

2. 鉴定时要具体对待保管期限混杂的案卷。永久卷混有与卷内文件内容联系密切的个别长期、短期文件可以不拆卷，但混杂的长期、短期文件较多的案卷要拆卷。短期保管案卷内混有永久、长期保管的文件，应拆卷重新组卷。长期保管案卷内混有少数短期文件，保管期限可从长，一般不拆卷。档案保管期限依照《企业档案工作规范》《国家重大建设项目文件归档要求与档案整理规范》等执行。

3. 鉴定要考虑档案的价值，应以反映本单位主要职能活动为出发点，以档案的内容为中心，保证单位历史沿革的延续，考虑单位的工作性质、地位、活动范围以及档案的产生事件、完整程度、可靠性、有效性和外形特点等因素，弄清档案与单位之间的关系，确定档案的价值，进行鉴定。

三、鉴定销毁档案工作程序

（一）对于符合销毁条件的档案，档案部门先向档案领导小组组长汇报后才可以开展档案鉴定销毁工作。还要向上级主管业务部门请示，待批准后，再进行鉴定销毁工作。

（二）鉴定工作。定期对已到保管期限或无保存使用价值的档案进行鉴定。对于符合销毁条件的档案，首先由档案小组进行鉴定，得出鉴定销毁意见。陈述鉴定的标准、方式和方法，对于符合销毁条件的档案说明销毁原因，对于仍需继续保存的档案应重新划定保管期限。档案鉴定清册表格见填写清楚每个文件的信息，并附鉴定小组成员名单，档案鉴定清册永久保存。

（三）编制档案销毁清册。经过专业人员的鉴定，对确无保存价值的档案，必须编制销毁清册，销毁清册由档案部门依照专业人员鉴定结果编制。销毁清册封面应设置销毁档案的数量、鉴定小组负责人的签字及时间、批准人的签字及时间（销毁档案的批准人为企业法人代表）、监销人的签字及销毁时间等项目。清册中档案销毁登记表要设置序号、文件题名、所属年度、档号、应保管期限、已保管期限、文件页数、备注等项目，准确揭示每一份销毁文件的内容和成分，为日后查找档案销毁情况提供依据。

（四）延期销毁。为慎重起见，准备销毁的档案，在经领导批准后，还要继续保存一段时间后销毁，一般以半年为宜，以避免因档案潜在作用尚未被发现而造成无法挽回的损失。

（五）销毁工作。在鉴定销毁领导小组批准后，由两名以上工作人员将需要销毁的档案送往指定的造纸厂做原料，数量较少的亦可自行焚毁，不能作其他用途，更不允许出卖。无论采用什么方法，档案鉴定销毁领导小组必须指定两人以上监销（其中一人为档案专责），确已销毁后，监销人在销毁清册上注明"已销毁"字样，并标明销毁日期，签字，以示负责。

四、公司文件归档保存表

文档归档保存表

序号	项目分类	文件名称	保存时间
1	章程以及公司规则的制定、修改、废止等	章程、公司规程、通则等	永久
2	股东名册、股东会议记录、营业报告等文件	股东大会会议记录、债权、财产等	永久
3	董事会和监事会的重要文件	董事会和监事会会议记录等	永久
4	政府批文等	营业许可证等	永久
5	契约书等具有法律效力的文件	契约书、聘用合同、商业合同等	永久
6	职业人事文件	社保登记、名册、履历书等	永久
7	其他重要文件、账簿及统计	业务监察报告书、银行存款账、经营统计资料、会计记录	永久
8	预算、决算以及有关会计的各种账簿、各种凭证	税务报告书、现金收入、支出账、转账凭证、银行存折、固定资产总账、各种收据、日记账、日常债权、财产目录、借贷对照表	十年

第十二章 企业常用内部审计公文

第一节 产品成本项目审计立项申请书

范例：

审计立项申请书

为了达到上级总公司与我公司签订的今年承包经营合同的目标利润，我们就重大的产品成本降低率指标完成情况和存在的问题进行了调查研究，并进行了预测分析，撰写了产品成本审计项目计划大纲。请公司领导审阅并批准实施该项目审计。

我公司所属的四个专业生产厂家批量生产四种产品，由于产品单一，设备陈旧，技术落后，产品在市场上的竞争力每况愈下，急需全面加强技术改造和研制开发新产品，以提高市场占有率和企业经济效益。根据上级总公司与我们签订的承包合同要求：以＿＿年利润总额的＿＿%作为承包基数，从承包的第＿＿年起每年效益递增＿＿%。完成任务可保现有工资、资金，超额利润可奖励＿＿%（增产部分奖励＿＿%、成本降低部分奖励＿＿%）；完不成任务相应扣减工资及奖金，承包期为＿＿年。为此，我公司对＿＿＿＿＿＿年的经营计划和财务计划做出安排，计划现有四种产品的产量比去年增产＿＿%（要求质量稳中有升），全部可比产品成本比去年降低＿＿%，计划利润总额比去年增加＿＿＿＿＿＿万元，根据初步预测，如能完成上述销售计划和财务计划，本公司可获奖励基金_____万元。其中：（1）增产利润_____万元，占___%；（2）降低成本的利润_____万元，占___%。本公司计划将这笔奖励基金的____%用于企业技术改造新产品研制，____%用于增加职工奖金及集体福利。

　　据查，我公司_____年上半年主要经济指标完成情况不尽如人意，喜忧参半，产品产量实际较计划增加_____%，但全部可比产品成本降低率仅为_____%（其中：占全公司总产量_____%的一厂成本降低率不足_____%，而占全公司总产品_____%的二、三、四厂的成本降低率达_____%），致使上半年实际利润较计划利润减少_____万元。如不及时采取措施，任其发展下去，今年的利润计划将无法完成。不仅公司职工得不到奖金，而且将使刚刚启动的全面技术改造和新产品研制工作因缺少资金来源而搁浅。降低产品成本是实现今年利润计划的核心问题。公司一厂产品的产量占公司总产量_____%，成本降低率也远远低于计划水平，故降低一厂产品成本成为我司创效关键的关键。在调查研究分析的基础上，我们建议将一厂产品成本作为重点审计项目，并在近期内尽早实施该项目审计。特写此立项申请，请公司领导批准。

_____公司审计处（公章）

____年__月__日

主送：公司经理

抄送：上级公司审计部门

第二节　项目审计计划大纲

　　范例：

某集团企业审计计划书大纲

　　一、评审会计报表的内部制度

（一）调查了解并描述报表编制的内控制度。

1. 调查了解会计报表编制的岗位责任控制情况。即看各环节的工作质量要求是否明确，各岗位的工作范围是否明确，各岗位之间的制约和配合关系是否协调。

2. 调查了解会计报表编制程序控制情况。主要了解有没有制定结账日程表和结账程序以及对结账质量的控制；了解企业的对账制度，看有没有定期核对账证、账户、账表；了解企业的试算平衡控制情况，向企业索取"总分类账户本期发生额及余额试算平衡表"和"明细分类账户本期发生额及余额明细表"，并与有关账户进行核对，检查其试算平衡工作的正确性。

3. 调查了解内部会计稽核控制情况。主要调查了解企业有没有对报表编制的审核和检查制度。

（二）验证企业报表编制程序的执行情况。

1. 通过查询或实地观察，了解报表编制各环节责任的落实和遵守情况，评价各环节运行是否合理，各项控制制度是否得到有效执行。

2. 运用抽查法检查报表编制的准备工作是否充分有效，重点检查结账、对账、试算平衡和财产清查的工作质量。

3. 抽查部分报表，初步审查报表编制工作质量，以便了解会计人员对报表编制原理和编制方法的掌握情况。

（三）对财务报表内控制度进行评价（略）。

二、审查财务报表编制的正确性

（一）审查资产负债表编制的正确性。

1. 审阅资产负债表的内容，看其是否具备了资产负债表的全部要素。

2. 审查资产负债表的项目排列与分类是否恰当。

3. 核对资产负债表项目与有关资产、负债、所有者权益账户的一致性。

4. 核对报表中小计、合计项目的计算。

（二）审查损益表编制的正确性。

1. 审阅损益表的构成要素，看其是否完整。

2. 审阅损益表的项目与格式，看其项目排列是否恰当。

3. 核对损益表项目与有关成本费用账户的一致性。

4. 复核损益表中利润的计算是否正确。

5. 审查利润分配表项目的真实性。

6. 核对利润分配表与损益表有关项目的一致性。

（三）审查现金流量表编制的正确性。

1. 审查现金流量表的外观形式，看其内容是否完整，结构是否符合要求。

2. 索取现金流量表编制的工作底稿，并审查下列内容：与资产负债表核对有关项目资料来源的正确性；与损益表核对有关项目资料来源的正确性；与相关账户的余额或发生额核对有关项目资料来源的正确性。

3. 对照账户检查经营活动现金流量（直接法）的正确性。主要核对以下内容。

（1）核对产品销售收入、其他业务收入、应交账款、应收票据等账户，看销售商品或提供劳务收到的现金项目编制的正确性。

（2）核对投资收益账户，看投资的现金收益项目编制的正确性。

（3）核对应交税金、应收增值税（进项税额）账户，看实际收到的增值税项目编制的正确性。

（4）核对材料采购、应付账款、应付票据等账户，看购买货物支付的现金项目编制的正确性。

（5）核对财务费用账户，看支付借款利息项目的正确性。

（6）核对应交税金，看缴纳税款项目编制的正确性。

（7）核对应付工资账户，看支付员工工资项目编制的正确性。

（8）核对管理费用、制造费用账户，看其他现金支出项目编制的正确性。

4. 对照长期投资、固定资产账户和发行股票的文件，看发行股票在收到的现金基础上项目编制的正确性。

5. 对照账户和其他有关文件，检查筹资活动所产生的现金流量项目编制的正确性。具体检查项目如下：核对股本、股票溢价账户和发行股票的文件，看发行股票收到的现金项目编制的正确性；核对应付债券账户和债券发行文件，看发行债券收到的现金项目编制的正确性；核对短期借款、长期借款账户，看向其他企业借款收到的现金项目编制的正确性；对照应付股利账户，看支付股利付出的现金项目编制的正确性；对照短期借款、长期借款账户，检查偿还债务付出的现金项目编制的正确性；对照财务费用账户，检查筹资费用项目编制的正确性；对照长期应付账款账户，检查融资租赁固定资产所支付的租赁费项目编制的正确性。

6. 对照账户审核非常项目产生现金流量的正确性；核对资本公积金账户，看捐赠现金收入的正确性；核对营业外支出账户，看捐赠支出和罚款现金支出的正确性。

7. 核对财务费用账户，审查汇率折算差额的正确性。

8. 复核报表项目计算的正确性。

9. 索取或编制一张现金流量表补充资料明细表，并对照账户，审查其内容的正确性。

10. 对照账户，审查经营活动产生的现金净额（间接法）有关项目编制的正确性。主要审查以下内容：

（1）对照累计折旧账户，审查计提累计折旧项目的正确性。

（2）对照待摊费用账户，审查待摊费用减少计算的正确性。

（3）对照应收票据账户，审查应收票据减少计算的正确性。

（4）对照应收账款账户和坏账准备账户，审查应收账款净额减少的正确性；对照无形资产账户和递延资产账户，审查无形资产及递延资产减少的正确性。

（5）对照材料、在产品、产成品等与存货相关的账户，审查存货减少项目的正确性。

（6）对照预提费用账户，审查预提费用增加计算的正确性。

（7）对照应付账款账户，审查应付账款增加计算的正确性。

（8）对照应付票据账户，审查应付票据增加计算的正确性。

（9）对照固定资产清理账户，审查固定资产报废损失计算的正确性。

（10）对照固定资产清理长期投资、无形资产、其他业务收入、投资收益等账户，审查出售长期资产损益计算的正确性。

（11）对照财务费用账户，审查长期借款利息计算的正确性。

（12）对照应交税金、应交增值税账户，审查增值税收缴净额计算的正确性。

三、审查会计原则的遵守情况

（一）索取会计政策说明书。

（二）抽查与会计政策有关业务的会计处理，以验证会计原则的遵守情况。

1. 检查折旧方法、存货计价方法，看其是否遵守了一致性原则，并调查其变化的原因。

2. 检查长期投资、固定资产、应付债券等有关资产和负债项目，看其是否遵循了实际成本原则。

3. 检查并评价坏账准备的计提、折旧方法的使用及应收票据贴现数的情况等，评价其对稳健原则的遵守情况。

4. 检查一年内到期的长期投资和长期负债的列表以及其他对当期财务状况产生重要影响的项目，评价其对重要性原则的遵守情况。

（三）评价会计原则变更的影响。对于会计原则发生变更的，要计算其对资产、负债、损益所产生的影响，并检查其在报表附注说明项目中是否得到正确反映。

四、对有关问题进行必要的调整

对项目审计中发现的与会计准则不符的事项需要调整。收集各项目审计的工作底稿，调整需要调整的项目进行。

五、对会计报表进行分析性复核

（一）计算或验证反映企业偿债能力、营运能力和盈利能力的指标：资产负债率、流动比率、速动比率、应收账款周转率、存货周转率、资本金利润率、销售利润率、成本费用利润率。

（二）将上述指标与上期数字进行对比，分析其增减变化的趋势，对异常变化进行重点检查和核实。

（三）写出分析性复核的结果，为确定实质性测试的重点和范围提供依据。

六、审阅报表附注与说明

（一）调查和了解会计报表附注与说明的内容。

（二）索取有关部门对会计变更事项的审批文件。

（三）审阅报表附注与说明事项有关的会计核算和其他资料，以验证所说明事项的真实性。

（四）审阅附注与说明事项的处理是否符合会计准则，评价其对企业财务状况的影响。

（五）审查存货计价方法、固定资产折旧方法、长期合同中会计方法的变更，看是否对其进行了说明。

七、审阅报表的揭示与表达方式

（一）审阅会计报表的揭示是否按现行有效的会计制度所规定的项目进行反应，企业有无合并或少列有关项目。

（二）审查会计报表的格式是否为规定的格式，企业有无调整。

（三）审核报表是否符合编制原则，如报表各项目的计算和相互钩稽关系是否正确等。

八、审查外币报表的换算

（一）索取一份外币报表与换算报表。

（二）评价其功能性货币选用的合理性。

（三）索取外币报表换算工作底稿。

（四）复核资产负债表各项目使用的汇率是否合理及换算金额的正确性。

1. 资产负债类项目是否按决算日市场汇率折算。

2. 所有者权益项目（除未分配利润外）是否按历史汇率折算。

3. 将来分配利润项目与折算后的利润分析表项目相核对。

4. 复核折算差额计算的正确性与报表列示的正确性。

5. 核对年初数与上年折算数的一致性。

（五）复核损益表与利润分配表各项目折算的正确性。

1. 复核发生额的项目是否按平均汇率折算。

2. 复核发生额项目以决算日汇率折算是否在附注中进行了说明。

3. 复核平均汇率计算的正确性及计算方法的一致性。

4. 核对利润分配表中净利润与损益表中该项目的一致性。

5. 核对利润分配表中未分配利润项目是否按其他项目计算列示。

6. 复核利润分配表中未分配利润项目是否按其他项目计算列示。

（六）复核现金流量表项目折算的正确性。

1. 检查有关增减长期负债、增减长期投资以及增减固定资产、递延资产和无形资产的项目，是否按决算日汇率进行折算。

2. 检查有关资本的净增加额项目，是否按发生时的汇率进行折算。

3. 核对其他项目与折算后的其他报表的一致性。

4. 核对流动资金来源和运用栏内流动资金增加净额项目与流动资金各项目的变动栏内该项目的一致性。

5. 检查外币折算差额是否单独列示，并核对其金额计算的正确性。

（七）审阅外币折算报表的表述。

1. 审阅外币折算报表是否按我国会计准则要求进行表述。

2. 审阅外币折算报表项目与母公司会计报表项目的一致性。

九、审查合并报表

（一）调查了解合并报表编制的基础。

1. 审核合并范围（纳入合并报表的条件）。

2. 审核合并报表内容（种类）。

3. 审核子公司提供资料的完整性。包括子公司会计政策差异、母子公司往来业务、债权债务、投资资料、子公司利润分配、股权变动资料。

4. 审核母子公司决算日和会计期间的一致性。

5. 审核母子公司之间会计政策的一致性。

6. 审核母公司对子公司投资的会计核算（包括核算方法、子公司由于损益以外的原因所引起的权益变化的处理）。

（二）索取或编制合并报表数据汇总表（或合并报表工作底稿）。

（三）对照检查汇总表（工作底稿）中有关数据与所属单位财务报表数据的一致性。

（四）审查合并资产负债表调整项目的正确性。

1. 审查母公司与子公司权益性资本投资项目的数额，与子公司所有者权益中母公司所持有的份额的抵消，并审查合并差价列示的正确性。

2. 审查母子公司间债权与债务项目的相互抵消，包括应收、应付、预收、预付和内部持有债券。

3. 审查坏账准备的数额是否进行了调整。

4. 审查由于内部销售所产生的未实现内部销售利润是否在固定资产项目中进行了抵消，并与合并损益表相核对。

5. 审核合并报表中少数股权是否正确列示，并将金额与子公司会计记录相核对。

6. 核对所有者权益中未分配利润项目的数额与合并利润分配表中该项目的一致性。

（五）审查合并损益表调整项目的正确性。

1. 审查内部销售商品已实现对外销售部分，是否对营业收入和营业成本项目进行了抵消。

2. 审查上期存货包含的内部销售未实现利润是否在年末未分配利润和

营业成本中进行了抵消。

3. 审查集团内部固定资产交易所产生的未实现内部部分销售的抵消。

4. 审查母公司与子公司及子公司相互之间持有对方债券所发生的投资收益是否与其相应的利息支出相互抵消。

5. 审查母公司与子公司权益性资本投资收益是否进行了抵消。

6. 核对少数股东本期损益是否为子公司净利润项目扣除母公司投资收益的余额。

7. 核对净利润计算的准确性。

（六）审查合并利润分配表抵消项目的正确性。

1. 审查全资子公司利润分配项目的抵消。子公司利润分配表中的年初未分配利润项目、子公司资产负债表中实收资本项目、资本公积项目、盈余公积项目和母公司报表中投资收益项目与母公司对子公司权益性投资项目、子公司利润分配表中提取盈余公积项目、应付利润项目是否进行了正确的抵消。

2. 审查非全资子公司利润分配项目的抵消。审查是否将子公司利润分配表中年初未分配利润项目、子公司资产负债表中实收资本、资本公积、盈余公积项目与母公司损益表中投资收益项目、少数股东权益项目，子公司利润分配表中提取盈余公积项目、应付项目进行了正确的抵消。

3. 审查合并利润分配表抵消产生的合并差价的计算与处理。

（七）审查合并财务状况变动表的编制。

1. 审查合并现金流量表的编制基础是否为合并资产负债表和合并损益表。

2. 复核是否将少数股东本期损益作为流动资金来源处理。

3. 复核是否将新增股东对子公司的投资作为流动奖金来源处理。

4. 复核是否将子公司分配给少数股东的利润作为流动资金来源处理。

（八）检查合并报表汇总计算的正确性。

（九）审核合并报表附注内容的完整性和真实性。

十、审查期后事项

（一）比较被审财务报表与最近财务报表，看有无重大变化的项目。

（二）向管理部门查询资产负债表日至审计日间，有无重大经营活动和重要的经营环境的变化，重点调查有无下列（非调整）事项及是否对其进行了披露：股票和债券的发行；企业合并或购买控制权；自然灾害导致的资产损失；外汇汇率变动；开展新的经营或活动、扩大原有经营范围等。

（三）通过审查资产负债表日后的有关账目、财务报表和查询资产负债表日至审计日止的资本、长期负债、营运资金等有无重大变动，重点调查有无下列（调整）事项及是否对其进行了调整：已被证实的某项资产价值的损失或永久性减值；处于协商中的债务重整事项已达成协议；宣告分配股利；在资产负债表日或之前发生的错误或舞弊行为；由于税法变动，改变了对资产负债表日以及之前的收益适用的税率；发现资产负债表日前某些事项的会计错误；销货退回；产品验收不合格；资产负债表日后发生的企业的一部分已不再持续经营的业务等。

（四）向管理部门查询报表日后会计估计或判断基础有无重大变动。

（五）结合账户余额审计查询报表日后账上有无异常调整事项。

（六）向审计单位律师查询有关诉讼、赔偿情况。

（七）向税务机关查询被审计单位的税务缴纳和税务纠纷情况。

第三节 项目审计实施计划

范例：

2016审计局年审计项目实施计划

2016年是深入贯彻落实党的十八大精神、进一步推进科学发展的开局之年，是我市全面放大桥港优势、实施"十二五"规划的承上启下之年，我市审计机关将以党的十八大精神为指引，全面贯彻全国、省及市审计工作会议精神，紧紧围绕市委、市政府工作中心，切实履行审计监督职责，积极服务经济社会发展大局，着力在促进政策执行、提高财政绩效、增进民生幸福、推动责任履行等方面下功夫，全面提升审计工作质量和水平，为开创科学发展新局面做贡献。

以审计法规定的必审项目和国家、省、市审计机关下达的统一项目为基础，围绕市委、市政府工作中心，特别是市委全委会提出的六大重点工作，以及广大人民群众关注的热点难点问题，结合我市审计资源实际，2016年度审计项目具体安排如下：

一、本级预算执行审计

1. 2016年度本级预算执行情况审计

以推进完善公共财政体制、构建财政审计大格局为目标，对市财政局具体组织的2016年度本级预算执行情况进行审计。在审计中，以收入组织、预算分配、预算执行和预算管理为重点，关注财政收入支出和分配情况、民生项目资金的投入和保障情况，对相关专项资金进行审计调查，积极探索财政绩效审计，分析评价财政专项资金是否达到预期效益和效果，促进财政管理水平提高。项目由财金科负责，2016年3月开始实施，6月30日前提交审计报告。

2. 地方税收、基金征管情况审计

以规范税收征管，推进依法治税为目标，对2016年度市级地方税收、基金收入征管情况进行审计。重点关注地税部门执行国家税收政策、履行征管职责、税收稽查执法等情况，反映税收征管中存在的突出问题，提出改进意见和建议，促进税务部门严格依法征税，强化征收管理。项目由财金科负责，2016年3月开始实施，6月30日前提交审计报告。

二、经济责任审计和部门预算执行审计

1. 部门（单位）、镇乡主要领导干部经济责任审计

按照党政主要领导干部"三责联审"的有关要求，根据市委组织部委托，对离任的部门（单位）、镇乡党政主要领导干部进行离任经济责任审

计，对任职时间较长的部门（单位）在任主要领导干部进行任中经济责任审计，审计的具体对象以组织部委托为准。

对部门（单位）主要领导干部的经济责任审计，重点关注所在单位预算执行和其他财政、财务收支的真实、合法和效益情况，重要投资项目的建设和管理情况，重要经济事项管理制度的建立和执行情况，重点检查领导干部经济决策、财经法规政策执行以及财政资金分配、使用的全部过程，重点关注被审计领导干部任期内重大经济决策、事业投入及实施效果、国家财经法规执行情况、内部控制制度的建立健全及执行情况、个人遵守相关廉政规定情况；对镇乡党政主要领导干部经济责任审计，还要关注贯彻落实科学发展观、推动经济社会科学发展情况，国有资产的管理和使用情况、政府债务的举借、管理和使用情况，领导干部在融资贷款、工程发包等方面的履职情况，促进领导干部依法行使权力、有效履行职责。

根据市委组织部委托，对市委老干部局、610办公室、红十字会及市政府采购与招投标中心等4名部门（单位）主要领导干部实施任中经济责任审计，分别由财金科、行事科、农资科和经审科负责，1月份开始，3月底提交审计报告。其他离任或在任干部的经济责任审计，待组织部门明确后即组织实施。

2. 部门预算执行情况审计

为促进部门预算综合管理，优化支出结构，提高预算执行到位率，结合经济责任审计，审计局对已经交办的市委老干部局等4个部门（单位）进行部门预算执行审计，承办科室及实施时间与经济责任审计相同；年度中间增加的经济责任审计对象，接到组织部委托后，除对领导干部进行经济责任审计外，审计局对其所在部门（单位）也进行部门预算执行审计。

按照确保审计覆盖面、避免审计监督盲点的原则，对多年未审的部门预算单位逐年安排审计。2016年，审计局对住建局、农委、水务局、海洋与渔业局系统共29家下属单位进行部门预算执行审计。

住建局系统的市政园林绿化工程建设管理处、房屋征收办公室、燃气管理处、建设工程质量监督站、城建监察大队、房屋产权交易所、白蚁防治所、住房制度改革办公室，由财金科负责，5月份开始，9月底提交审计报告。

农委系统的林果指导站、蚕桑指导站、动物卫生监督所、农村环境能源技术推广站、动物疫病预防控制中心、种子管理站、农业执法大队、农产品质量监测中心，由农资科负责，5月份开始，9月底提交审计报告。

住建局系统的城乡建设档案馆、建设工程造价管理站，水务局系统的水费水资源管理所、堤闸管理所、水利设计室、水利局仓库，由经审科负责，5月份开始，9月底提交审计报告。

住建局系统的建设工程施工图审查室、规划信息中心、城市排水管理处，海洋与渔业局系统的渔政执法大队、渔业技术推广站、吕四渔港船闸管理所、渔港监督站，由行事科负责，5月份开始，9月底提交审计报告。

三、财政专项资金审计

1. 保障性住房跟踪审计

为实现"加大保障性安居工程建设力度，基本解决保障性住房供应不足的问题"的工作目标，审计局对市保障性住房继续进行跟踪审计。审计的重点是：城镇保障性安居工程建设目标任务的落实与完成情况，工程建设各项资金的筹集、使用和管理情况，工程建设管理情况，保障性住房的分配后续管理情况。该项目由行事科负责，7月份开始，12月底前提交审计报告。

2. 农业综合开发资金审计

根据省审计厅的统一部署，对我市2016年年初至2016年年底农业综合开发资金进行审计。目标是通过审计，摸清项目建设及资金使用管理的基本情况，分析评价资金使用效益和开发效果，审计立项审批管理情况，检查资金分配、使用和管理情况，是否存在截留、挤占、挪用资金等问题。该项目由农资科负责，3月份开始，4月底前提交审计报告。

3. 村庄环境整治工程审计调查

根据省审计厅和市审计局统一部署，对我市2016年年初至2016年年底村庄环境整治工程的总体情况进行调查,并对省审计厅确认的××镇、××镇、××镇等3个××镇和××村、××村、××村、××村、××村、××村等6个村进行重点审计调查。审计的重点是村庄环境整治工程阶段性任务完成情况、资金和项目管理及绩效情况、制度建设情况等。该项目由农资科负责,3月份开始,4月底前提交审计报告。

四、其他财政财务收支审计

1. 八所中心敬老院财务收支审计

根据市委全委会提出的"不断完善养老服务体系,促进养老事业健康发展"的民生实事重点工作要求,审计局对全市汇龙、吕四等八所公办中心敬老院进行财务收支审计。重点检查2016年年初至2016年年底财务收支情况、五保养老政策落实情况、内部制度的建立和执行情况、各项专项资金的管理使用情况。项目由局财金科负责,2月份开始实施,5月底前提交审计报告。

2. 29所基层医疗卫生机构财务收支及运行情况审计调查

围绕市委全委会提出的"纵深推进医药卫生体制改革,加强基层卫生服务机构建设"的民生实事重点工作要求,审计局对全市2016年乡镇医院改制后新成立的29所基层医疗卫生机构进行审计和审计调查。审计以财务收支为主线,重点检查资产负债和损益情况、收入支出情况、基本药物制度执行情况,目标通过审计调查,摸清我市基层医疗卫生机构的运行情况,揭示运行中存在的问题及管理上的薄弱环节,对如何加强管理、规范运行提出建议,促进基层医疗卫生机构健康运行。该项目由局行事科和经审科负责,并联合财政、卫生部门共同实施,2月份开始,4月底前提交审计报告。

五、政府投资项目审计

1. 重大投资项目跟踪审计

根据市委全委会提出的"突出平台打造,完善功能配套,进一步促进产业集聚发展"的沿海开发重点工作要求,以及"塑造宜居中心城区,实施民生城建"的城乡统筹重点工作要求,审计局对财政或其他国有资金投资建设的重点工程项目进行跟踪审计。吕四港环抱式港池、10万吨级进港航道工程、海口枢纽工程、临海高等级公路、公共卫生大楼、商务中心等6个重点项目跟踪审计由固投审计一科负责。大学校区、蝶湖酒店、行政中心配套工程、南苑中学等4个重点项目跟踪审计由固投审计二科负责。审计时应重点关注建设单位的内控制度建立和执行情况，建设资金来源、落实、管理和使用情况，项目建设程序执行情况，征用地手续、拆迁管理及资金使用情况。力求通过跟踪审计，揭示建设单位在制度与管理中存在的突出问题，分析原因，提出规范建设管理、提高资金使用效益的建议，帮助建设单位建立健全内控制度、提高建设单位的管理水平。

2. 政府投资建设项目结算审计

按照"政府投资建设项目均有政府审计机关负责审计"的规定，以促进建设单位加强工程项目管理，合法有效使用建设资金，努力节约政府投资，不断提高投资效益为目标，根据项目建设单位申报。2016年，审计局对中医院病房大楼、城建指挥部经济适用房、世纪大道绿化景观工程等45个政府投资工程项目进行竣工结算审计，工程送审额约15亿元。竣工结算审计分别由固投审计一科、二科负责，1月开始，12月底结束。

六、金融审计

农村商业银行股份有限公司资产负债损益审计。根据市审计局的统一安排，以促进农村商业银行深化改革、加强管理、提高效益和增强服务"三农"能力为目标，对农村商业银行进行资产负债损益审计。通过审计，反映农村商业银行在执行国家宏观经济政策过程中采取的措施，取得的成效以及存在的突出风险和重大违法违规问题，核实各项金融支农惠农政策的落实情况，分析其整体盈利能力和抵御风险能力，揭示影响当前农村金融可持续发展的体制、机制性问题。项目由财金科牵头组织实施，拟于7月开始实施，具体要求待省厅统一部署。

七、其他项目审计和对内部审计进行指导

在完成计划项目的同时，全力完成市委、市政府交办及执纪执法等部门要求协办的其他项目审计。

加强对部门、单位和镇乡内部审计工作的指导。拟制定统一的审计工作方案，组织指导3个农村审计工作室和各镇内审人员，对各镇重点的财务收支情况进行审计。各内审机构结合本部门实际，制订相关计划，组织实施内部审计项目。

第四节　项目审计作业计划

范例：

审计项目计划

20××度××区审计项目安排的总体思路是：以党的十八大、十八届三中、四中、五中全会精神为指导，深入贯彻落实《国务院关于加强审计工作的意见》和《××省政府关于加强审计工作的实施意见》文件精神，将审计工作的着力点放在稳增长调结构惠民生、维护经济健康运行、全面深化改革、贯彻落实全面建设小康社会等宏观政策措施上，加快审计队伍职业化建设，着力推进审计监督对公共资金、国有资产、国有资源和领导干部履行经济责任全覆盖，为建设"美丽××"做出积极贡献。

20××年度审计项目计划安排遵循全面审计、突出重点，紧紧围绕区委、区政府工作中心，全面把握相关领域的总体情况，按照有深度、有重点、有步骤、有成效的要求，有序推进审计监督全覆盖。重点突出"四个深化"。一是深化政府财政审计工作，构建财政审计大格局。紧紧围绕财政"重点、热点、难点"问题，重点关注财政支出绩效、积极财政政策贯彻落实、存量资金盘活、专项资金整合及统筹使用情况，把"三公经费"和会议费开支情况作为审计的重要内容，促进公共财政体系的逐步健全和完善，提高财政资金的使用效益。二是深化领导干部经济责任审计工作，不断加强干部权力运行监督。进一步统一思想、统一布局，统筹安排审计力量，充分发挥合力，将各部门落实中央"八项规定"相关要求的情况作为审计的重要内容，优质高效完成区人大、区委组织部委托和上级审计机关授权的经济责任审计项目。披露和分析经济责任审计中所发现的重大问题、普遍性和趋势性问题，为领导干部监督管理工作提供支持，为区委全面考察、正确使用干部提供依据。

三是深化民生专项资金审计工作，强化"以民为本"的服务意识。关注政府在保障和改善民生方面的投入力度，深化对关系经济社会发展、涉及人民群众切身利益的医疗、教育、社会保障等公共领域专项资金的审计和审计调查。积极配合上级审计机关开展医疗保险和救助资金、保障性安居工程、农村饮水安全资金等专项审计。四是深化政府投资项目审计工作，继续探索创新工作方法及程序。加强对政府重视、群众关心、社会关注的重大政府投资项目的跟踪审计，把事前预防、事中控制和事后监督有机结合起来，及时发现问题，及时堵塞漏洞，减少损失浪费，力求最大限度地节约投资建设成本。如遇上级审计机关和区政府年中追加审计项目，本计划可作相应调整。

一、财政同级审（1个）

20××年度区本级预算执行情况审计范围：一是区财政局20××年度区本级预算执行情况审计。二是4个区直单位20××年度部门预算执行情况审计（区重点办、区民政局、区商务局、市二中）。

总体目标：以推动财政政策贯彻落实、促进盘活财政存量资金、提高财政资金使用绩效、维护公共资金安全、推进财税体制改革为目标，重点关注财税政策执行、财政预算体系完善、财政支出结构优化、财政存量资金使用、专项资金整合，以及中央八项规定精神贯彻落实等情况。揭示区级预算和区级财政管理中预算编制、预算执行、资金分配、资金使用、政策效果等方面存在的突出问题，从体制、机制、制度和政策层面分析原因，有针对性地提出改进建议。促进提高积极财政政策的实施效果；促进建立更加统一完整科学的预算管理制度；促进建立和完善财政专项资金管理制度；促进财政法制化建设；促进提高财政资金绩效管理。

责任部门及完成时间：财经外贸外资股和法规审理股负责财政局20××

年度区本级预算执行情况审计；经济责任审计股负责区商务局、区民政局，行政事业股负责区重点办、市二中部门预算执行情况审计。要求20××年4月20日前结束现场审计。

二、领导干部经济责任审计（30个）

审计目标和重点：以促进领导干部推动本部门（单位）科学发展和守纪守法守规尽责为目标，重点关注贯彻党和国家、省委省政府、市委市政府、区委区政府重大决策部署、遵守有关法律法规、目标责任制完成、重大经济决策、预算执行和其他财政财务收支、内部管理及所属单位监管、履行党风廉政建设第一责任人职责，以及本人遵守有关廉洁从政规定等情况（乡镇领导干部的经济责任审计要将对环境保护和自然资源管理使用情况的内容纳入其中）。坚持任中和离任审计相结合，把对领导干部的监督和对人、财、物的管理使用的监督有机地结合起来。把各级各部门的"三公"经费、配车用车、出国出境、会议庆典等作为审计重点，把债务管理、民生改善、生态效益、节能减排等指标作为经济责任审计的重要内容，为区委全面考察、正确使用干部提供依据。

责任部门及完成时间：审计项目计划以区组织部审定为准，局机关各业务股室具体组织实施，20××年12月底前完成。

三、专项资金审计或专项审计（5个）

（一）20××年度城镇保障性安居工程跟踪审计（署、厅统一安排）

审计目标与重点：以推动安居工程依法有序建设和管理、促进安居工程政策落实、切实维护人民群众住房保障权益为目标，关注安居工程建设、管理及总体情况；各级财政和贷款、社会融资支持安居工程项目与安居工程资金统筹使用情况；棚改货币化安置政策实施情况、配套基础设施建设情况、税费减免和贷款优惠利率落实情况；安居工程土地供应和建设审批情况；重点审查以虚假材料骗取住房保障待遇、挪用套取、克扣截留资金以及官商勾结、以权谋私等问题。

组织方式和审计时间：按照上级审计机关统一工作方案的要求，我局统筹安排审计人员参加。按照上级审计机关统一安排的时间实施,具体审计另行安排。

(二)基本医疗、保险基金和医疗救助资金审计(署、厅统一安排)

审计目标和重点:以促进惠民政策贯彻落实、推动完善基本医疗保障制度为目标,重点关注基本医疗保障基金收支规模、结构和管理使用情况,关注资金运行和政策执行中存在的突出问题,揭露重大违法违纪问题。

组织方式和审计时间:按照上级审计机关统一工作方案的要求,我局统筹安排审计人员参加。按照上级审计机关统一安排的时间实施,具体审计另行安排。

(三)扶贫资金专项审计(市局统一安排)

审计目标和重点:以促进惠民政策贯彻落实,推动完善基本医疗保障制度为目标,重点关注基本医疗保障基金收支规模、结构和管理使用情况,关注资金运行和政策执行中存在的突出问题,揭露重大违法违纪问题。

组织方式和审计时间:按照上级审计机关统一工作方案的要求,我局统筹安排审计人员参加。按照上级审计机关统一安排的时间实施,具体审计另行安排。

(四)稳增长、促改革、调结构、惠民生、防风险政策措施落实情况跟踪审计(署、厅统一安排)

审计目标与重点:以推动中央、省委省政府重大政策措施落实到位为目标,按季度与审计地域特点,紧紧围绕项目落地、简政放权、资金保障、政策落实、风险防范等重点,高度关注创业创新、扩大有效投资、推进新型城市化、电子商务、节能环保等领域政策落实情况以及"去产能、去库存、去杠杆、降成本、补短板"任务完成情况,总结成效,揭露不作为、慢作为、假作为、乱作为等问题。

(五)××流域重金属治理专项资金财务收支审计

审计目标与重点:以建立完善重金属污染治理资金投入机制为目标,强化××流域重金属治理治旧控新、减排增效的治理措施,确保治理项目资金使用规范,加大环境保护监察执法力度,加快重金属污染防治技术研究开发,建立完善的配套政策制度等。

组织方式和审计时间:按照上级审计机关和区政府工作统一安排,具体审计时间另行安排。

四、固定资产投资审计(84个)

审计目标和重点:以促进项目建设中各责任单位依法、依规、依约办事,完善跟踪审计责任机制为目标,高度关注工程招投标、工程质量、征地拆迁、项目资金管理和使用等方面存在的问题,重点检查项目建设过程中法人制度、招投标制度、监理制度、合同管理制度、材料及设备采购制度和财务管理、资金使用制度等的建立和执行情况,核实重要单项工程造价的真实性,检查有无违法违规、管理薄弱和重大损失浪费问题。同时监督指导中介机构现场工作质量,整合中介机构跟踪审计成果。对管理体制中存在的薄弱环节,提出有针对性的改进意见和建议。

责任部门:固定资产投资审计股负责实施,20××年12月底前完成。

五、专项检查(全区"纠'四风'、治陋习、正品行"作风大提质活动和"雁过拔毛"式腐败问题专项治理活动的专项检查)

1. 元旦、春节、端午、中秋、国庆期间经费支出专项检查,由纪检组牵头,抽调相关股室人员参加,纪检组综合上报。

2. "雁过拔毛"式腐败问题专项整治,相关业务股室提供问题清单,纪检组综合上报。

3. 纠"四风"、治陋习、正品行专项整治,由纪检组负责,相关业务股室提供问题清单,纪检组综合上报。

4. 纪检组协助区财政局整治全区单位借项目指挥部或以开展活动等名义,违规发放津补贴,超标准、超范围发放加班费、奖金,变相发放福利。

5. 纪检组配合纪委对全区单位20××年度"三公经费"支出专项检查。

第五节　审计通知书

范例：

关于对××××进行审计的通知

××××（被审计单位全称）：

根据《审计署关于内部审计工作的规定》及×××（领导的决定、批示或者意见，年度审计计划，××单位审计委托书等），×××（内部审计机构名称）决定派出审计组，自×年×月×日起，对你单位（××被审计人）××年度××（项目）进行审计，必要时将追溯其他年度或延伸审计有关单位。请予以积极配合和提供必要的工作条件。接此通知后，请准备好附件所列有关资料，并对所提供的资料进行承诺。

附件：承诺书

资料清单

审计组长：＿＿＿＿＿＿＿＿＿＿＿＿

主审：＿＿＿＿＿＿＿＿＿＿＿＿＿＿

审计组成员：＿＿＿＿＿＿＿＿＿＿

××××（内部审计机构全称印章）

×年×月×日

第六节　审计工作记录

（一）审计工作记录的概念

指审计人员对审计事项查证后，对获取审计证据的抽象分析及判断，是审计人员运用理性思维对审计证据的说明。

（二）审计工作记录的内容

1. 项目组对因舞弊或错误导致财物报表出现重大错误可能性探讨，并得出重要结论。

2. 注册会计师对被审计单位及其环境各方面的了解等。

3. 注册会计师在财物报表层次和认定层次识别、评估出重大错报风险。

4. 注册会计师识别出的特别风险和仅通过实质性程序无法应对的重大错误风险，及对相关控制的评估。

（三）范例

审计工作记录

日期：_____ 编号：_____

审计项目	
被审计单位	
审计事项	
审计事项记录	
附件	
核实情况	被审单位（公章）　　　　　经办人： 　　　　　　　　　　　　　　　年　月　日

第七节 审计制度

范例：

××××股份有限公司
内部审计制度

第一章 总则

第一条 实行内部审计监督制度，是为了维护公司合法权益，强化公司经营管理，提高经济效益，促使公司经济持续健康发展。为了建立健全内部审计制度，加强内部审计监督工作，根据《中华人民共和国审计法》和《审计署关于内部审计工作的规定》，特制定本制度。

第二条 内部审计工作必须围绕公司当前的中心工作，依照国家的法律、法规、政策以及公司的各项规章制度，对所属企业进行内部审计监督。

第三条 本规定适用于××××股份有限公司。

第二章 机构和职权

第四条 内部审计的实施机构是公司审计部（下简称审计部）。审计部在董事会的直接领导下行使审计职权，并向董事会报告工作。

第五条 审计部对公司行使内部审计职能，根据需要，可以配合中介机构开展工作。

第六条 审计部在实施审计工作中，可行使以下职权：

1. 根据内审工作需要，报送有关生产、经营、财务收支计划，预算执行情况、决算、会计报表和其他有关文件资料；

2. 审核有关的报表、凭证、账簿、预算、决算、合同、协议，查阅有关文件和资料、现场勘查实物；

3. 检查有关的计算机系统及其电子数据和资料；

4. 参加有关会议，组织成员企业召开与审计有关的会议；

5. 参与研究制定有关的规章制度；

6. 对审计涉及的有关事项进行调查，并索取有关文件、资料等证明；

7. 对阻挠、妨碍审计工作以及拒绝提供有关资料的行为，经公司董事会批准，可采取必要的措施并提出追究有关领导及员工责任的建议；

8. 发现被审计单位转移、隐匿、篡改、毁损会计凭证、会计账簿、会计报表以及其他有关资料时，有权予以制止，并报公司董事长责令其交出；

9. 经公司董事会批准，有权予以暂时封存相关会计凭证、会计账簿、会计报表及其他资料；

10. 提出纠正处理违法、违规行为的意见以及改进经营管理、提高经济效益的建议；

11. 对因违法、违规行为给企业造成严重损失的直接责任人员，提出处理意见，并报公司董事会。

第七条　内部审计人员应当严格遵守审计职业道德规范，坚持原则、客观公正、恪尽职守、保持廉洁、保守秘密，不得滥用职权，徇私舞弊，泄露秘密，玩忽职守。

第八条　内部审计人员在行使职权时受国家的法律保护，任何单位和个人不得打击报复。

第九条　由于被审计单位或当事人隐瞒真实情况或提供虚假证明，造成审计结果与事实不符的，应追究被审计单位财务负责人或当事人的责任。

第三章　审计职责与内容

第十条　审计部应当履行以下主要职责：

1. 制定内部审计工作制度，编制年度内部审计工作计划；

2. 按内部分工参与年度财务决算的审计工作，并对年度财务决算的审计质量进行监督；

3. 对公司的财务收支、财务预算、财务决算、资产质量、经营绩效以及其他有关的经济活动进行审计监督；

4. 组织公司主要业务部门负责人进行任期或定期经济责任审计；

5. 对发生重大财务异常情况的部门展开专项经济责任审计工作；

6. 对公司的基建工程的立项、概（预）算、决算和竣工交付使用进行审计监督；

7. 对公司的物资（劳务）采购、产品销售、工程招标、对外投资及风险控制等经济活动和重要的经济合同等进行审计监督；

8. 对公司内部控制系统的健全性、合理性和有效性进行检查、评价和意见反馈，对有关业务的经营风险进行评估和意见反馈；

9. 对公司的经营绩效及有关经济活动进行监督与评价；

10. 办理公司董事会交办的其他审计事项，以及配合会计师事务所对公司进行审计。

第四章 审计档案

第十一条 每个审计项目结束后，审计组要将有关资料整理装订，立卷归档。卷内资料分为审计文书、取证材料、审计项目计划与总结。

1. 审计文书一般包括：

（1）审计结论和处理意见及讨论该结论和决定的会议纪要；

（2）被审计单位对审计报告的书面意见；

（3）被审计单位执行审计结论和处理决定的情况回单；

（4）有关审计事项的请示、报告及领导的指示和批复；

（5）审计通知书；

（6）复审结论、报告及审计机构讨论该结论和报告的会议纪要；

（7）被审单位或个人对审计结论和处理决定的申诉材料；

（8）被审单位或个人对复审报告的书面意见。

2. 取证材料一般包括：有关的审计底稿及证明材料。

3. 审计项目计划与总结一般包括：

（1）审计方案；

（2）审计立项报告；

（3）其他有关材料和对本项目审计工作的总结。

第五章 奖惩

第十二条 若被审计单位出现重大违反国家财经法纪的行为和公司内部控制程序出现严重缺陷,应依法追究被审计单位和有关责任人的责任,如果被审计单位因此被国家有关部门追究责任,被审计单位和有关责任人应承担赔偿责任。

第十三条 对于审计中发现的违反公司规章制度的部门或个人,均依据公司各有关规章制度中的处理、处罚条款对责任单位和责任人进行处罚。

第十四条 对于打击报复内部审计人员的情况,受打击报复的公司内部审计人员有权直接向公司董事长报告相关情况,公司及时对上述行为予以纠正;对于涉嫌犯罪的人员,公司应该依法移交司法机关处理。

第十五条 对于忠于职守、坚持原则、有突出贡献的内部审计人员,以及揭发检举违法行为、保护公司财产的有功人员,公司应给予精神或物质奖励。

对于滥用职权、徇私舞弊、玩忽职守的审计人员,被审计单位有权向公司反映。构成犯罪的,依法追究刑事责任;尚不构成犯罪的,解除劳动合同。

第六章 附则

第十六条 本规定由董事会负责解释。

第十七条 本规定由股东大会审议通过后开始执行。

××××股份有限公司

二〇一一年九月